Text ⓒ 2006 by David Morley,
Korean translation ⓒ 2007 Parabooks.
This Korean edition was published by arrangement with Fitzhenry
& Whiteside Limited, Markham through Sunplus Agency, Seoul.
All rights reserved.,

이 책의 한국어판 저작권은 선플러스 에이전시를 통한 저작권자와의 독점계약으로 파라북스에 있습니다. 저작권법에 의해 한국 내에서 보호를 받는 저작물이므로 무단전재와 무단복제를 금합니다.

국경 없는 의사회

데이비드 몰리 지음 | 조준일 옮김

파라북스

국경 없는 의사회
: 우리는 기적이 아닌 사랑을 믿는다

2007년 3월 5일 초판 1쇄 인쇄
2007년 3월 10일 초판 1쇄 발행

지은이 | 데이비드 몰리
옮긴이 | 조준일
펴낸이 | 김태화
펴낸곳 | 파라북스

주간 | 이성옥
기획 | 조은주, 홍효은
마케팅 | 박경만
책임편집 | 민경미
본문디자인 | 백미애
관리 | 이연숙

등록번호 | 제313-2004-000003호
등록일자 | 2004년 1월 7일
전화 | 02) 322-5353   팩스| 02) 334-0748
주소 | 서울특별시 마포구 서교동 343-12
홈페이지 | www.parabooks.com

ISBN 978-89-91058-70-5 (03300)

*값은 표지 뒷면에 있습니다.

| 추천의 말 |

　세상은 빠르게 변하고 있다. 개인의 문제든 사회의 문제든 인터넷이라고 하는 매체를 통해 순식간에 전세계에 알릴 수 있는 세상에 우리는 살고 있다. 그래서 한 개인의 선행이 같은 시간 이웃나라에까지 전해져 귀감이 되기도 한다. 반대로 해서는 안 될 일이 인터넷이란 매체를 통해 급속하게 확산되는 경우에는 한 개인의 문제가 우리 사회의 문제가 되고 국경을 넘어 아시아의 문제가 되고, 더 나아가 세계가 알고 함께 풀어야 하는 문제로 확대되기도 한다.

　한국의 부모들은 자녀가 한 교실에서 혹은 한 학교에서 두각을 나타내는 우수한 학생으로 인정받는 것에 만족하지 않는다. 그 이유도 빠르게 변하는 세상과 무관하지 않다. 오늘날 젊은이들은 자신들의 활동영역과 지역을 넓혀나가기를 원하고 있다.
　'훌륭한 지도자'가 되기를 꿈꾸던 시대가 있었다. 어린아이들이 자국의 대통령이 되는 것을 최고의 꿈으로 꼽던 시대가 있었다. 그러나 이제는 국제적인 경쟁력을 가진 지도자, 세계를 움직일 수 있는 자질을 갖춘 지도자를 꿈꾸는 시대가 되었다. 그 같은 꿈은 결코 단기간에 이룰 수 없다. '국제적인 경쟁력을 가진 지도자'가 되고자 하는 한국인들에게는 어떤 준비가 필요한가?

지구촌에는 60억이 넘는 인구가 살고 있고, 그 중 10억 이상이 절대빈곤으로 허덕이고 있다. 또 다른 10억은 최저생계비로 비참한 생활을 하고 있다. 지구촌에 살고 있는 우리가 새천년에 함께 이루어야 할 목표를 유엔에서는 8가지 항목으로 요약하여 제시하고 있다. 빈곤퇴치, 보편적 초등교육 달성, 양성평등, 아동 사망률 감소, 모성 보건증진, HIV·AIDS 등 질병퇴치, 지속가능한 환경 확보, 개발을 위한 전 지구적 파트너십 구축이 그것이다. 이는 우리 모두가 함께 해결해 나아가야 할 과제이고 책임이다.

그러나 이것을 자신의 과제이자 책임이라고 느끼는 사람은 많지 않다. 특히 한국인들은 더욱 그러하리라 생각한다. 한국의 교육은 한 개인이 잘되고 성공하는 데 집중되어 있다. 교육의 과정보다는 결과에 치중한다. 그 결과 매우 우수하지만 경쟁적이고 이기적인 인재들이 배출된다. 나눔, 섬김, 헌신, 희생을 바탕으로 하는 현장감 있는 교육·훈련의 장이 제한되어 있는 탓이다.

그렇다면 오늘날 '세계적인 지도자'를 꿈꾸는 한국인들이 준비해야 할 것은 무엇일까? 『국경 없는 의사회: 우리는 기적이 아닌 사랑을 믿는다』를 통하여 명쾌한 답을 얻게 되길 바란다. 한국은 한국전쟁 이후 1980년대까지 선진국들의 도움을 받은 나라다. 1990년 초부터는 정부와 NGO들이 해외원조 개발사업에 적극 참여함으로써 국제적으로 활발한 활동을 전개하고 있지만 아직 그 역사가 일천하여 많은 시행착오를 겪고 있는 것이 현실이다. 게다가 한국의 젊은이들에게 국제적인 시각을 열어주는 훈련이나 교육이 마련되어 있지 않아 안타까움을 지울 수 없었다. 금번 파라북스에서 펴낸 『국경 없는 의사회: 우리는 기적이 아닌 사랑을 믿는다』가 한국 젊은이들에게도 큰 도전과 함께 비전을 제시해주리라 확신한다.

'한 사람이 꿈을 꾸면 이상이 되지만 우리 모두가 함께 그 꿈을 공유하면 현실이 된다'는 말이 있다. 이제 한국인들이, 지구촌에 사는 모든 사람들이 성별, 연령, 국적, 인종, 피부색깔, 종교, 문화와 상관없이 서로 인간의 존엄성을 지키며 사는 아름다운 삶을 꿈꾸게 되기를 바란다. 그리고 그 꿈을 우리의 이웃나라들과 함께 공유하고 실현시킴으로써 우리 모두의 사랑이 기적을 이루게 되는 날을 기대한다.

김인숙
세이브더칠드런 부회장

| 머리말

　　대학 졸업을 눈앞에 두고도 나는 장래에 무엇을 해야 할지 마음을 정할 수 없었다. 그때 집안에서 알고 지내던 저명한 인권변호사 한 분이 시내에 오시는 것을 알았다. 그는 여러 가지 약속으로 바쁘긴 하지만, 조찬을 함께하는 정도라면 시간을 내보겠다고 했다. 재킷과 하나뿐인 넥타이를 서둘러 걸치고는 그가 머물고 있는 호텔로 갔다.

　　그는 온타리오 인권위원회에서 일하고 있었다. 아마도 그곳에 내 일자리를 마련해주지 않을까 짐작했다. 그는 이 세계가 어떻게 잘못되어가고 있는가에 대한 내 생각을 친절하게 들어주었다.

　　"데이비드, 사무실에 앉아 있는 일은 나중에 해도 늦지 않네. 먼저 해외에 나가 자원봉사를 해보는 게 어떻겠나." 그는 호주머니에서 종이를 꺼내 누군가의 이름과 주소를 적었다. "여기 자네가 지원할 만한 곳이 있네. 푸에블리토Pueblito(1974년에 설립된 민간아동구호기구로 라틴아메리카 지역의 빈민층 아동들을 위한 교육적·재정적 뒷받침을 하고 있다. 스페인어로 '작은 공동체'를 뜻한다—옮긴이)에서 일하는 엘리자베스를 찾아가보게나."

그의 충고를 받아들인 이후 나는 전혀 다른 세상에서 살게 되었다. 중앙아메리카 지역의 고아들을 위한 자원봉사를 시작으로, 라틴아메리카의 여러 지역을 돌며 아이들과 함께 살고 함께 일했다. 국제운동의 일환으로 캐나다에서 기금을 모집했으며, 아동권리를 위한 국제연대에 참여하기도 했다. 아울러 감사하게도 '국경 없는 의사회'에서 7년 간이나 캐나다 지부이사로 봉사하였다.

이 책을 통해 나는 MSF 시절에 겪은 일들을 여러분과 함께 나누고자 한다. 우리가 무슨 일을 하는지, 구호활동 현장의 생생한 모습은 어떠한지……. 또 하나, 조국을 떠날 때는 다른 사람들을 돕겠다는 생각이 전부지만 막상 임무를 마치고 돌아올 땐 가장 가난한 그들이 보여준 강인함과 의지, 친절함이 얼마나 우리를 압도하고 풍요롭게 만드는가를…….

수많은 분들이 있었기에 이 책이 나올 수 있었지만 여기에는 그 가운데 몇 분의 이름만 적는다. 믿음과 리더쉽을 보여준 의사 마이클 슐, MSF의 이상에 확고부동하게 헌신한 의사 레슬리 섕크스에게 감사한다. 아니크 샬리푸르, 토미 롤라자이넨, 마이클 조아니스와 MSF 캐나다 지부의 훌륭한 직원들에게도 감사한다. 의사 오션, 미레유, 장 파르페, 뤽, 브랑카, 그리고 지구촌 곳곳에서 함께 일했던 현지직원들 모두에게도 고맙다는 인사를 전하고 싶다.

두 사람의 린다에게도 고마움을 전한다. 편집을 맡은 린다 비센탈은 내 생각들을 잘 다듬어주었으며, 처음부터 지지를 보내준 린다 너지가 없었다면 이 책은 세상에 나오지 못했을 것이다. 클레아 칸, 조 벨리보, 에바 램, 의사 살림 카샴, 랄프 히센, 의사 에스더 음툼부카, 리키에 엘레마, 의사 사이몬 콜린스, 릴리안 아르샹보-키르, 요스트 반 몬포르트, 의사 제임스 오르빈스키, 스티브 코니시, 아울러 높은 이상과 믿음으로 지구촌 곳곳의 전선에서 구호활동을 벌인 수백 명의 자원봉사자들에게 감사한다.

넓은 세상과 국경 너머에 사는 사람들에 대한 내 아들 니콜라스와 알렉산더의 궁금증은 이 책에 영감을 주었다. 또한 훌륭한 아침 식사를 제공해준 브루스 매클라우드에게도 고맙다는 말을 하고 싶다.

해외 자원봉사자로 처음 지원해서 만났던 엘리자베스. 그녀를 만난 지 2년 뒤 우리는 결혼했다. 내 모든 여행을 참고 지지해준 그녀, 지성과 통찰력, 이해심과 사랑으로 충만한 아내에게 이 책을 바친다.

- 데이비드 몰리

| 한국어판을 펴내며 |

    국경 없는 의사회에서 봉사하며 누릴 수 있는 특별한 경험 가운데 하나는 전세계 사람들과 어울려 함께 일할 수 있다는 것입니다. 그곳에선 캐나다, 네덜란드, 탄자니아, 아일랜드, 인도, 예멘, 모로코, 스페인, 프랑스, 일본, 한국, 그 밖에도 수없이 많은 나라에서 달려온 사람들이 모여 좀더 나은 세상을 만들기 위해 노력하고 있습니다.

    가족과 친구들을 뒤로 하고 세상 속으로 뛰어든 그들은 낯선 풍경과 냄새, 소리로 가득한 먼 이국 땅에서 자신과 비슷한 여행을 떠나온 사람들과 조우하게 됩니다. 지구 반대편에서 왔든, 아랫마을에서 왔든 모두들 새로운 팀을 이뤄 다른 사람들을 치료하고 돕기 위해 헌신하고 있는 것입니다.

    운 좋게도 그런 사람들과 함께 일할 수 있었던 저는 이 책을 통해 그들의 이야기를 전하고자 합니다. 고생을 조금도 마다하지 않고 열정과 신념을 가지고 세상의 상처를 어루만지는 일에 몸과 마음을 바치고 있는 사람들의 이야기를 말입니다.

    이 책을 통해 한국인 여러분도 그들과 함께하기를 바랍니다.

2007년 2월, 토론토에서

Contents

국경 없는 의사회: 우리는 기적이 아닌 사랑을 믿는다

추천의 말 5
머리말 8
한국어판을 펴내며 11

1부 | 국경 없는 의사회

1장 세계는 우리의 응급실이다 17
비아프라에서 태어나다 22 | 국경을 넘어 25 | 초창기 활동 28
진실을 말하다 29 | 좋은 생각은 자란다 32 | 새로운 세기로 34
노벨 평화상 37

2장 현장의 자원봉사자들 43
의사만으로는 일할 수 없다 45 | 신참들 47 / 현지직원 49
자원봉사자들의 목소리 52 | 콩고에서의 임무 63

3장 재난과 전쟁의 땅 71
임무를 전개하다 75 | 항상 준비되어 있는 응급물품 77 | 전염병 78
복잡한 임무 80 | 영양실조 측정하기 80 | 치료급식센터 83
모자보건 85 | 정신보건 상담 86 | 치명적인 질병에 대한 치료 87
HIV · AIDS 88 | 필수의약품은 모두의 것 90
세계에 목소리를 높이다 93 | 방글라데시에서의 임무 99
라이베리아에서의 임무 101 | 모잠비크에서의 임무 105

2부 | 현장의 일기

4장 엘살바도르 지진 113
엘살바도르, 지진이 일어난 후 114 | 코마사과를 다시 방문하다 120
페케냐 잉글라테라 122

5장 콩고 내전 125
알려지지 않은 나라 126 | 어려움을 딛고서 129 | 킨칼라 132
위험한 수술 135 | 바구미들 138 | 응카이의 수면병 139 | 홍역 142
콩고의 보건 146 | 콩고여 안녕 148

6장 잠비아의 희망 151
카부타 152 | 캄브왈라 156 | 의료폐기물 163 | 킬와 섬 166
더 많은 사람들에게 희망을 174

사진 출처 180

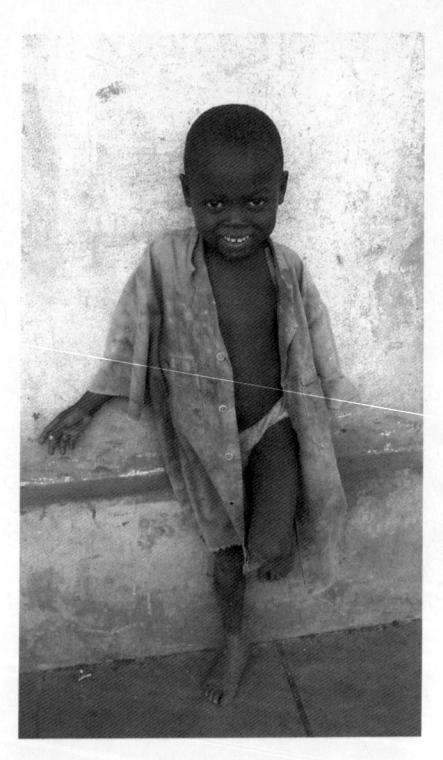

| 1부 |

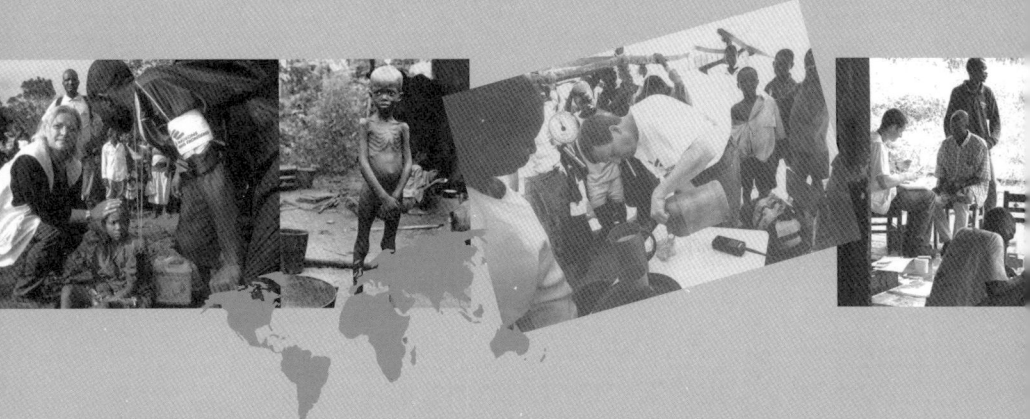

국경 없는 의사회

국경 없는 의사회의 캐나다 지부이사로서 일했던 7년 동안 나는 수많은 학생들과 이야기를 나누었다. 그들은 우리 조직이 어떻게 구성되어 있는지, 임무를 수행했던 나라에서 어떤 일을 하는지, 우리가 돕고자 했던 사람들의 생활은 어떠한지를 알고 싶어했다.

학생들의 진지하고 열정적인 호기심이 이 책의 첫 장을 쓰는 데 영감을 주었다. 여기서 나는 그들의 질문에 보다 자세히 답하고, MSF가 일하는 방식에 대해 좀더 꼼꼼하게 설명하고자 노력했다.

인도주의적 행위란 단순한 관대함과 자비, 그 이상의 것입니다. 우리는 사람들이 인간의 권리와 존엄을 되찾도록 돕는 것을 목적으로 합니다. 우리는 독립적인 자원봉사단체로서 곤궁에 처한 사람들을 직접 치료하는 일에 헌신합니다. 우리는 아무도 없는 곳에서 공허한 이상만을 외치지 않습니다. 오히려 도움을 주고 변화를 일으키며 불의를 밝혀내고자 하는 분명한 목적을 가지고 있습니다.

우리 자원봉사자와 직원들은 매일매일 존엄성을 침해받는 사람들과 함께 살고 일합니다. 이들 자원봉사자는 세상을 좀더 견딜 만한 곳으로 만드는 일에 그들의 자유를 바치기로 선택한 사람들입니다. 세계의 질서가 어떤 것인지에 대한 거창한 논쟁이 벌어지기도 하지만, 인도주의적 행동은 소박한 다음 한 가지만을 추구합니다. 인간 개개인이 가장 어려운 곤경에 처한 다른 사람들에게 손을 내미는 것. 한 번에 붕대 하나씩, 또 한 번에 봉합 한 번씩, 또 한 번에 예방주사 한 대씩.

제임스 오르빈스키
국경 없는 의사회 회장
1999년 12월 노벨 평화상을 수상하며

| 1장 |

세계는 우리의 응급실이다

인류에게 일어난 비극적인 사건들을 비추는 영상이 텔레비전을 가득 채우는 것을 보다 보면 이 세상에 희망이 별로 남아 있지 않다고 생각하기 쉽다. 자연재해, 내전, 굶주리는 어린이들……. 그 화면들은 멈추지 않고 계속될 것만 같다.

그러나 좀더 자세히 들여다보면 또 다른 모습을 발견할 수 있다. 서로를 죽이는 사람들 저편에서 서로를 돌보는 사람들. 인도주의가 말하고자 하는 것은 그것이 전부다. 고통받고 있는 사람들을 돌보면서 보다 나은 세상을 만들기 위해 함께 일하는 것.

많은 사람들과 단체들이 세상을 보다 나은 곳으로 만들기 위해 노력하고 있다. 이러한 단체들 가운데 하나인 국경 없는 의사회 Médecins Sans Frontières는 영어로는 'Doctors Without Borders' 라고 하며, 일반적으로는 불어 이름의 약어인 MSF로 알려져 있다. MSF는 세계에서 가장 큰 독립의료인도주의 단체다.

인도주의자의 세상

인도주의자들은 모든 인간이 똑같은 권리를 누리는 세상을 믿는다. 여기에는 존엄성을 잃지 않고 살 권리, 치료를 받을 수 있는 권리, 음식물이나 깨끗한 물·숙소·안전·의료·교육과 같은 삶에 필수불가결한 것들을 누릴 수 있는 권리 또한 포함된다. 인도주의자들은 생존하기 위해 몸부림치는 사람들을 돌볼 의무가 있다고 믿는다. 그것은 곧 행동하는 것—질병과 재해, 가난 그리고 전쟁의 희생자들에게 도움의 손길을 내미는 것을 의미한다.

우리가 살고 있는 이 세상에는……

- 10억 명의 사람들이 깨끗한 물을 마시지 못한다.
- 20억 명의 사람들이 안전한 공중위생시설이 전혀 없는 곳에서 살고 있다.
- 매년 180만 명의 어린이들이 더러운 물과 불결한 환경 때문에 죽어간다.
- 4,030만 명의 사람들이 HIV(인체면역결핍바이러스. 인체의 면역체계를 파괴하여 AIDS를 일으킨다—옮긴이)에 감염되었으며, 이 가운데 15~24세의 젊은이들이 200만 명에 달한다.
- 1,400만 명의 어린이들이 AIDS로 인해 부모 중 한 명 이상을 잃는다.
- 가난한 나라에 사는 HIV 양성반응자의 90%는 부유한 국가에서 치료제로 사용하는 항레트로바이러스제를 구할 수 없다.
- 매년 50만 명의 어린이들이 홍역으로 죽어간다. 이들 대부분은 효과 빠른 백신을 구하기 어려운 개발도상국의 어린이들이다.
- 매년 100만 명 이상이 치료를 받지 못해서 말라리아로 목숨을 잃는다.
- 2004년 한 해 동안 2,500만 명의 사람들이 전쟁이나 인권유린으로 조국을 떠나야 했다.
- 2004년 한 해 동안 2,500만 명의 사람들이 자연재해의 희생자가 되었다.
- 10억 명의 사람들이 생존하는 데 필요한 음식물을 충분히 공급받지 못한다.
- 매년 800만 명 이상의 사람들이 빈곤으로 인해 죽는다.

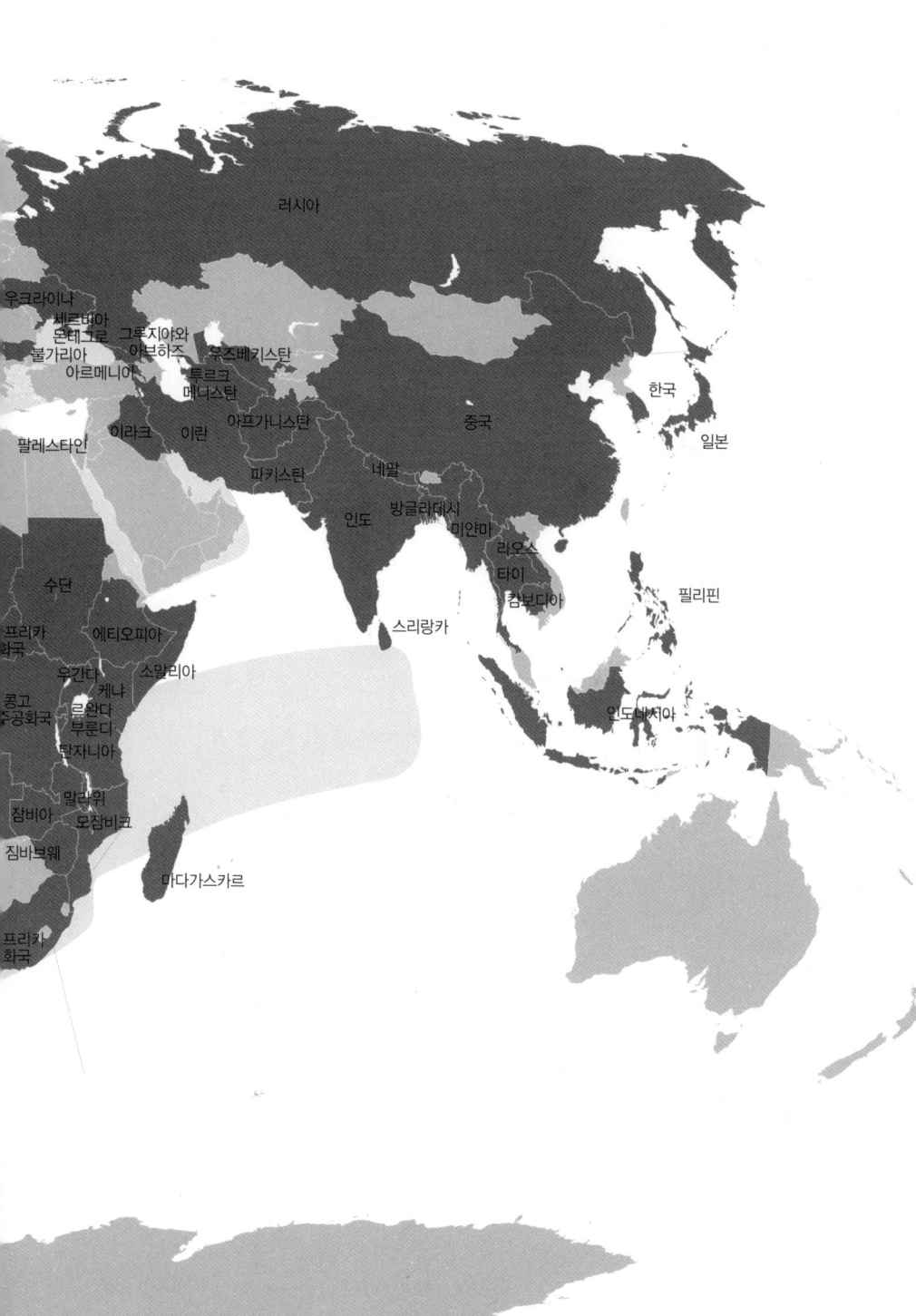

MSF는 매년 세계 70여 개 나라에서 의료구호 활동을 펼치고 있다. 우리는 의료구호가 가장 절실한 곳을 찾아가 텐트 응급실을 세우고, 지진이나 내전으로 다친 사람들을 치료하기 위해 이동진료소를 운영하기도 한다.

또한 AIDS(후천성면역결핍증. '에이즈'라고도 함—옮긴이)나 다른 질병에 걸린 환자들을 치료하고, 잊혀진 세계의 난민촌에 사는 영양실조 어린이들에게 먹을 것을 나눠준다.

비아프라에서 태어나다

국경 없는 의사회에 대한 아이디어는 비아프라에서 탄생했다. 1967년, 나이지리아 동부지역에 사는 이보 부족의 지도자인 오주쿠 대령은 독립을 선언하고 새 나라를 '비아프라'라고 명명했다. 이어 잔혹한 내전이 시작됐다. 이기기 위해 수단방법을 가리지 않는 나이지리아 군대는 농장을 공격하고 비아프라 사람들에게 공급되는 식량을 차단하기에 이르렀다.

1968년, 프랑스 의사들이 비아프라의 희생자들을 돕기 위해 적십자와 함께 자원봉사에 나섰다. 그들은 내전의 잔혹함에 치를 떨었다. 굶주린 어린이들에게 줄 음식물조차 없었으며, 민간인들이 무자비하게 죽음을 당했다. 의료시설들마저 고의적인 공격을 받았다.

내전의 희생자들을 돌보면서 프랑스 의사들은 분노와 좌절감을 느겼다. 그들은 적십자와의 협약에서 내전에서 중립을 지키고 어느 편에도 속하지 않기로 약속한 바 있었다. 나이지리아 정부는 이 같은 중립 조건을 수락한 적십자 의사들에게만 입국을 허락했다.

그러나 프랑스 의사 베르나르 쿠시네는 어떤 대가를 치르더라도 중

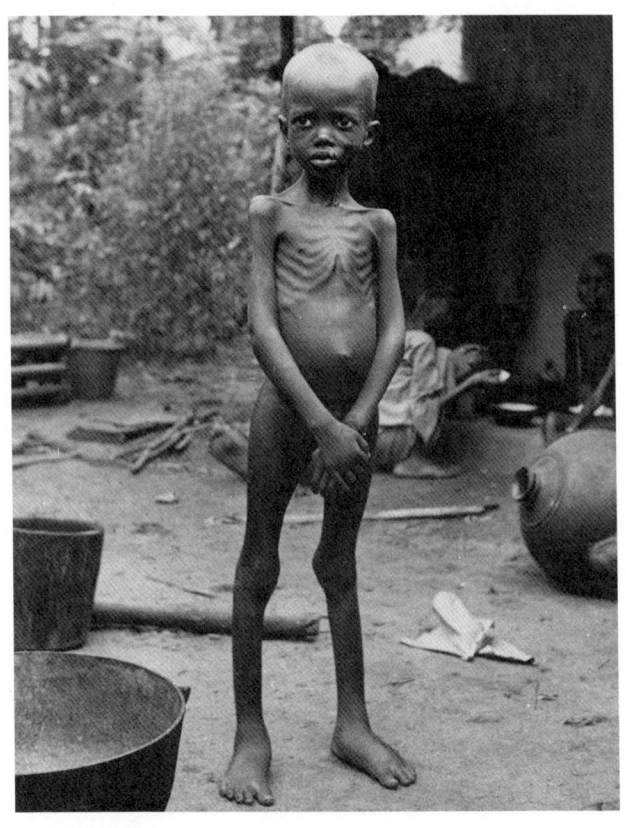

굶주린 비아프라 어린이들의 영상이 북미와 유럽의 TV 화면을 가득 채웠다. 사람들이 식량과 약품을 보내기 위해 모금을 시작했지만, 이런 노력에도 불구하고 100만 명 이상이 사망했다. 대부분 영양실조로 인한 질병 때문이었다.

립은 받아들일 수 없다고 생각했다. 그는 훗날 이렇게 밝혔다.

"침묵함으로써 우리 의사들은 조직적인 학살에 협력했다."

쿠시네는 되풀이되는 홀로코스트에서 어떤 역할도 맡고 싶지 않았다. 제2차 세계대전 당시 아우슈비츠의 가스실에 대해 알게 된 적십자 의사들은 독일 당국이 전쟁포로들을 돕는 일조차 못하게 하지 않을까 두려워한 나머지 그 사실을 알리지 않고 묵인했다.

프랑스로 돌아온 쿠시네는 적십자와 맺은 침묵의 서약을 깨고 나이지리아 정부의 잔학함을 공개적으로 비난했다. 그는 파리에 대중저항조직을 만들어 비아프라 사람들이 처한 곤경에 대해 온 세상이 관심을 가질 수 있도록 노력했다.

1970년, 비아프라 전쟁은 끝이 났다. 그러나 쿠시네와 그의 친구들에게는 이제 시작이었다. 그들은 새로운 인도주의 의료자원봉사 모임을 조직하기로 계획했다. 지원자들은 세계 곳곳에서 위험에 처한 사람들에게 긴급의료구호를 제공하는 것은 물론, 한 발 더 나아가야만 했다. 정치보다 환자들을 우선에 두며, 정치적인 실세들이 뭐라 하든 치료를 받을 수 있는 희생자들의 권리와 분쟁에 휘말려 고통받는 사람들을 돌보는 의사로서의 자신의 권리를 요구하고자 했다. 아울러 인권이 침해받는 사실을 알게 되면 세상에 고발해야 한다고 주장했다.

인권침해를 고발해야 한다는 주장은 인도주의적 구호의 중요한 원칙을 깨는 것이었다. 분쟁에서 중립으로 남는 것, 즉 정부군와 반군 중 어느 쪽에 대해서도 말을 하지 않는 것은 적십자의 기본원칙 가운데 하나였다. 전쟁지역에 길을 열고 분쟁에 휘말린 사람들을 돕기 위해서는 인도주의 봉사자들이 중립적이어야만 한다고 적십자는 주장했다.

국경을 넘어

1971년, 비아프라에서 활동했던 의사들은 프랑스의료원조Secours Médical Français(French Medical Relief)라는 또 다른 인도주의 단체에 합류했다. 프랑스의 의학전문지에서 일하던 레이몽 보렐과 그의 동료들

1979년, 베르나르 쿠시네가 베트남 난민들을 안전한 곳으로 옮기고 있다.

이 이끄는, 시작한 지 갓 1년 된 조직이었다.

보렐은 사이클론 볼라로부터 살아남은 사람들을 구호하기 위해 의사로 구성된 자원봉사단을 모집해 이들을 파견했다. 볼라가 방글라데시에서만 50만 명의 목숨을 앗아간 뒤였다. 당시의 경험을 통해 이들 자원봉사자들은 대규모 단체들의 신속한 구호활동을 가로막는 여러 제약요인을 피할 수 있는, 독립적인 인도주의 단체의 필요성을 절감하게 되었다.

쿠시네와 보렐 모두 지구촌 곳곳의 의료위기에 신속히 대응하고 정치보다 환자들을 우선시하는 조직을 원했다. 이렇게 해서 1971년 12월 20일, 국경 없는 의사회가 파리에서 창립되었다. 새로운 조직의 이름에서 '국경 없는'이라는 표현은 중요했다. 어디에 살든 국경과 상관없이 긴급의료구호를 필요로 하는 사람에게 이를 제공하겠다는 MSF의 다짐을 의미했기 때문이다.

다만 중립성에 관해서는 이견이 발생했다. 쿠시네는 인권침해를 세상에 알려야 한다고 주장한 반면, 보렐과 그의 동료들은 전쟁의 희생자를 구호하기 위해서는 침묵은 치러야 할 대가라고 생각했다. 쿠시네측 비아프라 자원봉사자들이 마지못해 중립성과 침묵, 이 두 가지 모두를 국경 없는 의사회의 규칙으로 동의하고 나서야 이들 두 단체는 비로소 힘을 모으는 데 합의했다.

MSF 헌장

MSF는 자연적·인위적 재난의 희생자와 무력분쟁의 피해자, 고통받는 사람들에게 인종, 종교, 신념, 정파에 관계없이 원조를 제공한다.

MSF는 보편적인 의료윤리와 인도주의 원조의 권리를 위해 중립성과 공평성을 준수하며, 그러한 역할을 수행함에 있어 어떤 방해도 받지 않을 충분한 자유를 요구한다.

MSF의 자원봉사자들은 직업적 윤리규정을 준수할 것과 모든 정치적·경제적·종교적 권력으로부터 완전한 독립성을 지켜나갈 것을 서약한다.

구성원들은 자원봉사자로서 그들이 수행하는 임무가 가진 위험성을 인지하고 있으며, 국경 없는 의사회가 제공할 수 있는 것 이상을 보상으로 요구할 권리가 없다.

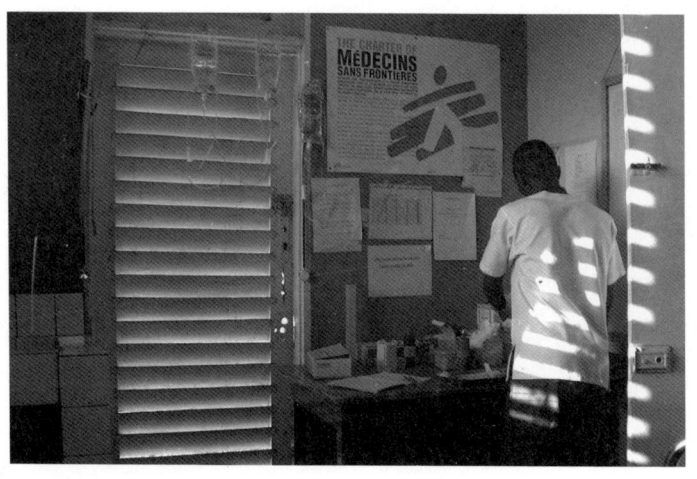

초창기 활동

프랑스 의사들은 발빠르게 이 새로운 조직의 자원봉사자로 참여했다. 그들은 1972년에는 지진으로 파괴된 니카라과의 마나과 시에서, 1974년에는 허리케인 피피로 8천 명이 사망하고 마을들이 파괴된 온두라스에서 긴급의료 구호활동을 펼쳤다.

이들 초창기의 자원봉사자들은 구호물품 수송기를 얻어 타고 현장으로 날아가 텐트 안에 진료소를 열었다. 따라서 구호활동에 한계가 있을 수밖에 없었다. 기존의 많은 인도주의 구호기관들은 MSF 자원봉사자들을 가리켜 '치료하는 히피들'이라고 불렀다.

1976년에 이르자 변화가 찾아오기 시작했다. 레바논의 아름다운 도시 베이루트가 내전으로 파괴되고 있을 때였다. MSF는 전쟁으로 폐허가 된 이 지역의 고립된 한 병원에 자원봉사자 56명을 파견했다. 이 일을 두고 TIME지는 MSF를 '대단한 단체'라며 격찬했다.

MSF는 '우리의 대기실에는 20억 명의 환자가 있습니다'라는 슬로건과 함께 처음으로 프랑스에서 정식 모금운동을 벌였다. MSF는 성장하고 있었다.

MSF를 필요로 하는 곳도 점차 늘어났다. 남아프리카의 앙골라와 모잠비크, 동아프리카의 에티오피아와 소말리아, 동남아시아의 캄보디아, 중미의 니카라과와 엘살바도르에서 분쟁이 발생하고 있었다. 이들 전쟁은 수십만 명의 사람들이 고향을 등지고 떠나도록 내몰았다. 1979년에 전세계의 난민은 570만 명에 이르렀고, 1985년에는 그

숫자가 2배로 증가했다.

　세계 곳곳에 난민촌이 생겨나기 시작했다. 모금활동을 통해 재정적 자립능력이 향상된 MSF는 이에 대응할 만한 여력이 있었다. 덕분에 온두라스에서 태국에 이르는 난민촌마다 MSF의 작은 텐트진료소가 곧바로 세워질 수 있었다.

　1979년에는 소련이 아프가니스탄을 침공했다. 소련이 외부인들의 이 지역 출입을 결코 허용하지 않으리라는 것을 MSF는 알고 있었다. 그들은 결국 당나귀를 타고 산악지대의 비밀통로를 통해 아프가니스탄으로 들어가 의료구호를 펼쳐야 했다.

　그로부터 5년 뒤, 중립성과 인권침해를 고발하는 문제가 다시 한번 MSF의 의제로 올랐다. 논쟁은 에티오피아에서 시작됐다.

진실을 말하다

　1984년, 가뭄과 기근이 에티오피아를 덮치자 온 세계에서 도움을 주기 위해 달려왔다. 아울러 최초로 자선 록 공연인 '라이브 에이드 Live Aid'가 전세계에 방영되면서 세간의 관심은 물론 기부금이 모이기 시작했다. 이때 불려진 〈Tears are not enough〉〈We are the world〉〈Do they know it's Christmas?〉 같은 노래들은 기아구제를 위해 수백만 달러를 모금하는 데 기여했다. 서방 각국이 구호에 참여했으며, 곧이어 더 많은 원조금을 에티오피아로 보내왔다.

에티오피아 정부는 세계 각국에서 들어온 구호금으로 가뭄지역의 사람들을 이주시키기 시작했다. 정부측은 좀더 비옥한 지역으로 사람들을 보내는 것이라고 주장했다. 그러나 정작 주민들은 강제로 집을 떠나야만 했으며, 그 결과 가족들이 뿔뿔이 흩어지거나 새로 이주한 곳이 떠나온 고향과 다를 바 없이 황폐한 경우도 많았다.

당시 MSF는 에티오피아에 급식센터를 세우고 영양실조로 고생하는 사람들을 위해 의료구호 활동을 벌이고 있었다. MSF 팀이 보기에는 에티오피아 정부가 기근을 이용하고 있는 것이 분명했다. 정부는 에리트레아 주와 티그레이 주가 독립투쟁을 벌이고 있는 북부지역으로부터 남부지역으로 주민들을 이주시키고 있었다. 그것은 강제이주나 다름없었다. MSF 보고서에 따르면, 기근보다 강제이주로 인해 더 많은 사람들이 죽어가고 있었다. 그러나 외국정부나 다른 기관들은 침묵으로 일관했다.

결국 1985년 12월, MSF는 에티오피아 정부를 공개적으로 비난하고 나섰다. MSF 봉사자들은 북부지역으로부터 강제로 이주하고 있는 촌락민들의 참상을 세상에 알렸다. 예상대로 에티오피아 정부는 MSF를 추방했다. 그러나 MSF의 행동과 고발이 헛되지는 않았다.

몇 달 내에 에티오피아에 많은 돈을 보내오던 미국과 영국, 그리고 다른 여러 나라 정부들이 북부촌락의 강제이주를 그만두지 않으면 원조를 끊겠다고 압박하기 시작했다. 에티오피아 정부는 결국 그들의 요구에 굴복했다.

MSF의 지도원칙

독립성 MSF는 외부의 영향력으로부터 독립성을 가진다. 다른 국제 구호기관들과 달리 MSF는 각국 정부로부터 받는 기금에 제한을 두고 있다. 정부기금은 거의 언제나 조건이 따르기 때문이다. 임무수행을 위한 MSF 기금 중 75%는 개인들
이 기부한다. 이러한 독립성 덕분에 MSF는 신속히 행동할 수 있고, 가장 도움을 필요로 하는 곳을 독자적으로 결정할 수 있다.

공평성 MSF는 인종과 종교, 정치적 국경에 관계없이 고통받는 사람들의 필요에 따라 의료구호를 제공한다.

중립성 MSF는 정부군이나 반군 가운데 어느 한쪽의 편을 들지 않는다. 그러나 기본적인 인권에 대한 심각한 침해를 목격하는 경우, MSF는 공개적으로 이를 고발한다.

근접성 MSF는 환자들과 가까이에서 활동한다. 임무를 수행하는 자원봉사자들은 사람들을 위해 직접 일한다. 그들은 일선에 나가 소매를 걷고 도움이 필요한 사람들에게 의료구호를 펼친다.

자발성 MSF는 자원봉사자들의 운동이다. 그들의 유일한 동기는 고통받는 사람들을 돕는 것이다.

2004년 동남아시아를 덮친 쓰나미가 물러난 후, MSF 자원봉사자들이 응급의료장비를 현장에 투입하고 있다. MSF는 도움이 필요한 세계 곳곳으로 즉시 투입될 수 있도록 응급용 물품 세트를 미리 만들어 비축해두고 있다.

좋은 생각은 자란다

1980년대 초, MSF의 이상은 점점 더 대중화되고 조직은 확장되었다. 새로운 지부들이 스위스와 벨기에에 처음 생긴 데 이어, 네덜란드와 스페인에도 세워졌다. 1990년대 초에 이르자 3대륙 19개국에 걸쳐 사무소를 갖게 됐다.

사무소가 늘어나자 더 많은 자원이 생겨났고, MSF는 스스로를 개선하기 위한 투자도 할 수 있게 되었다. 임무에 필요한 의약품을 최대한 빨리 전달하기 위해 MSF는 언제라도 사용할 수 있도록 '미리 준비된 응급의료장비'를 생산하기 시작했다. 현장에서의 의료활동을 개선하기 위한 연구도 실시했다. 아울러 기금 마련을 위한 투자에 힘쓰되, 개인들로부터 기부를 받아내는 데 역량을 집중했다. 대부분의

MSF의 조직구성

MSF는 19개국에 지부로 불리는 사무소가 있다. 많은 사람들은 하나의 강력한 글로벌사무소를 두는 편이 활동을 조율하는 데 보다 유리할 거라고 생각하지만, 우리의 생각은 다르다. 우리는 중앙통제적인 조직은 필연적으로 너무 많은 규칙과 지나친 관료주의를 만들어냄으로써 현장에서 위기상황에 직면한 개인의 대응능력을 경직시킬 수 있다고 생각한다.

MSF의 국가별 지부 위에는 5개의 상위조직이 있다. 이를 관리센터라고 부른다.

- 브뤼셀 관리센터 벨기에, 덴마크, 홍콩, 이탈리아, 노르웨이, 스웨덴, 룩셈부르크
- 암스테르담 관리센터 네덜란드, 독일, 캐나다, 영국,
- 파리 관리센터 프랑스, 호주, 일본, 미국
- 제네바 관리센터 오스트리아, 스위스
- 바르셀로나 관리센터 스페인, 그리스

개별 국가의 지부에는 모금이나 자원봉사자 모집, 반인도주의적인 행위를 감시하거나 의료 프로젝트를 관리하는 직원들이 있다.

인도주의 구호기관들과 달리 MSF는 정부의 정치적 변덕이나 그들의 해외원조 예산에 의존하지 않고자 했다.

MSF의 자원봉사자들은 이렇게 개선된 역량을 통해 1991년 1차 이라크전쟁으로 폐허가 된 쿠르디스탄, 유고슬라비아를 붕괴시킨 전쟁이 한창이던 발칸지역, 1994년 대학살이 자행된 르완다와 같은, 세계에서 가장 절망적이고도 위험한 지역들의 희생자들을 도울 수 있었다. 그러나 인종분규로 인해 100일 동안 80만 명이 죽은 르완다의 공포는 인도주의 활동에 한계가 있음을 분명히 상기시켜 주었다. MSF는 학살을 멈추기 위한 군사개입을 요청하며 "의사들만으로는 학살을 중지시킬 수 없다"고 절규했다.

새로운 세기로

1999년이 저물어 갈 무렵, MSF의 노벨 평화상 수상 소식이 전세계에 전해졌다. MSF 자원봉사자들은 그들을 평화단체라고는 생각하지 않았다. 하지만 이 소식은 많은 사람들에게 기쁨을 안겨주었다.

1999년 12월 10일, MSF의 회장인 캐나다인 의사 제임스 오르빈스키는 노르웨이의 오슬로에서 노벨 평화상을 수상했다.

"오늘 이 특별한 영광을 수락하면서, 노벨상 위원회가 지구촌 곳곳에서 이뤄지고 있는 인도주의 구호활동의 권리를 확인시켜주었다는 점에 감사의 뜻을 표합니다. 또한 MSF가 선택한 길이 옳은 것이었음

> 이 상을 제정했을 당시 알프레드 노벨이 생각했던 평화는 사람들의 마음과 정신에 깃든 평화였습니다. 재난의 희생자들에게 인간애와 인간의 존엄성에 대한 존경을 보여준 자원봉사자들, 그들은 두려움을 모르는 희생적인 면모를 통해 평화에 대한 희망을 창조해냈습니다.
>
> — 노벨 평화상 위원회

을 믿어주신 점도 고맙습니다. 그 길은 다름아닌 불의를 고발하는 데 주저하지 않고 열정을 다하며, 아울러 자발성과 공평성 등 MSF의 핵심원칙은 물론 모든 사람이 치료받고 인간으로서 존중받을 권리가 있다는 우리의 믿음에 헌신하는 것입니다."

오르빈스키 회장은 MSF가 당면한 다음 과제에 대한 설명도 잊지 않았다.

"전염병으로 죽거나 고통받는 사람들의 90% 이상이 개발도상국의 국민입니다. AIDS나 결핵, 수면병, 기타 다른 열대병으로 사망하는 원인 가운데 하나는, 생명을 구하는 데 꼭 필요한 의약품의 가격이 너무 비싼 나머지 가난한 사람들에게는 소용이 없기 때문입니다. 또 하나, 주요 열대병에 대한 새로운 연구개발이 실질적으로 아예 이루어지지 않는 탓이기도 합니다. 이러한 시장의 소홀함을 극복하는 일이 우리의 다음 도전과제입니다."

21세기에 접어들어 MSF는 오르빈스키 회장이 제시한 길을 따라가고 있다. 그것은 바로 전쟁의 피해자를 비롯, 빈곤 때문에 예방하지

1999년, 제임스 오르빈스키 회장이 노벨 평화상을 수락하고 있다.

못하는 전염병의 희생자들을 구호하는 데 역량을 집중시키는 일이다.

노벨 평화상

아침 일찍 걸려오는 전화는 보통 나쁜 소식을 전하는 경우가 많다. 1999년 10월 새벽 5시 30분, 토론토의 집으로 걸려온 전화를 받을 때에도 나는 무언가 아주 나쁜 일이 생긴 거라고 짐작했다. 그러나 이번에는 내가 틀렸다.

전화선을 타고 들려온 목소리는 이렇게 말했다.

"MSF가 노벨 평화상을 수상했습니다. 20분 내로 차를 보낼 테니 CTV(캐나다의 TV 방송사―옮긴이) 방송에서 그 얘기를 해주실 수 있을까요?"

순간 잠이 달아났다.

그날 이후 전세계로부터 축하를 받으며 흥분으로 얼룩진 날들이 한동안 이어졌다.

그러나 시간이 지나자 우리가 노벨상을 수상했다는 사실이 마냥 즐겁지만은 않았다. 다음은 내가 수상 발표 직후에 기록했던 글이다. 당시 나는 MSF 캐나다 지부의 이사로 일하고 있었다.

우리의 활동에 대해 너무나 기분 좋은 인정을 받았다. 슬프고 고립되고 잊혀진 장소로 기꺼이 떠났던 평범한 사람들이 세계평화를 위해

데이비드 몰리(잠비아)

중요한 역할을 해냈다는 점을 세상이 인정해준 것이다. 평화를 이루려면 정치인만으로는 부족하다는 사실 또한 확인해주었다. 불의와 전쟁을 끝내기 위해서는 친절을 행동으로 옮기고 평화를 재건하는 데 도움을 주는 수많은 개인들이 필요하다는 것을.

노벨 평화상은 전쟁으로 억울하게 고통받는 사람들의 존엄성과 인도주의의 이상과 더불어 우리가 정부와 군부로부터 독립적으로 활동한 점을 치하하고 있다. 따라서 우리의 모든 믿음과 행동을 긍정해준 이번 수상은 그야말로 흥분되는 일이 아닐 수 없다.

그러나 지금도 한편에서 홍역의 위험에 노출된 앙골라의 어린이들에게 우리는 예방접종을 제때 못하고 있다. 시에라리온에서는 손발이 잘려나간 무고한 희생자들을 돌보았지만 이미 사라진 그들의 수족을 되돌려놓을 수는 없었다. 콩고 브라자빌의 수많은 여성들은 지금도 여전히 폭력에 시달리고 있다. 하지만 우리는 그것을 멈출 수 없다. 세계 곳곳의 난민촌에서 우리의 자원봉사자들은 하루 종일 고된 격무에 시달리다 피곤에 지쳐 잠들고 있다. 그리고는 매일 아침 전날과 다름없는 열악한 환경 속에서 눈을 뜬다.

그렇지만 우리는 축하해야만 한다. 나는 중앙아메리카의 난민촌에서 국제구호활동가들에 대해 이야기를 나누다 누군가 덧붙인 다음 말을 기억한다.

"당신은 이곳에 도움을 주기 위해 왔습니다. 그러나 만약 당신이 우리가 거둔 작은 승리를 축하하지 않는다면, 또한 미처 구하지 못한 생명뿐 아니라 우리 손으로 살려낸 생명들을 바라보지 않는다면 당신은 결코 버텨낼 수 없을 것입니다. 당신이 여기서 우리와 오랫동안 함께 있기를 바란다면 함께 축하합시다."

인간의 영혼을 축하하자. 지독한 상처를 입고도 마침내 회복되어 노래하고 뛰노는 모잠비크 난민촌의 어린이들과 어머니들을 축하하자. 매일 조금씩 변화를 만들어내는 세계 곳곳의 인도주의 봉사자들을 축하하자. 비록 현장을 뛰어다니지는 못하지만 어떤 식으로든 함께하고자 기부금을 내준 사람들을 축하하자.

그래서 나는 다시 생각하기로 했다. 노벨 평화상 수상은 축하받아 마땅하다. 그것은 인도주의 구호활동에 참여한 모든 사람들에게 주어진 커다란 영광이다. 노벨 평화상 위원회는 다음과 같이 우리의 기본원칙을 높이 평가했다.

"자연적이든 인위적이든 모든 재앙으로부터 희생된 사람들은 가능한 한 신속하고 효율적으로 전문적인 도움의 손길을 받을 권리가 있습니다. 누구를 도와야 할지 판단하는 데 있어 국경이나 정치적 환경, 혹은 세간의 호감 등이 영향을 끼쳐서는 안 됩니다. MSF는 높은 수준의 독립성을 유지함으로써 이러한 이상을 실현하는 데 성공했습니다."

이것이 곧 이토록 영광스러운 상을 받게 된 이유이므로 우리는 마음껏 축하해야 한다. 학살현장이나 난민촌은 1999년 10월 15일 이전과 달라진 것이 없어 보인다. 하지만 앞으로 10년 후 우리는 이날이 인도주의의 이상과 인도주의적 행동, 그리고 인도주의적 법률이 전 세계적인 중요성을 인정받은 하나의 전환점이었음을 깨닫게 될 것이다.

토론토에는 MSF의 모금활동에 특별히 적극적인 초등학교가 있다. 노벨상 수상 소식이 전해지자, 그곳의 어린이들은 학교를 뛰어다니며 "우리가 이겼다. 우리가 이겼다"라고 외쳐댔다. 아마도 이것이 곧 이번 노벨 평화상이 지닌 의미일 것이다. 인도주의 원칙이 축하받고 존경받는 지금, 우리 모두는 승자다.

캐나다에 있는 내 친구들과 MSF가 하는 일에 대해 얘기할 때면 그들은 종종 "일을 하다 보면 매우 우울해지겠어"라고 걱정하곤 한다. 그러나 나는 우리 일을 하면서 우울하다고 느껴본 적이 없다.

그렇다. 내가 몸담고 있는 세계에는 참혹한 일들이 많이 벌어지고 있다. 자연재해, 내전, AIDS의 공포, 난민촌의 굶주린 어린이들……. 그러나 MSF에서 나는 적어도 무엇인가를 할 수 있는 기회를 얻을 수 있다. 나는 행동하기 위해서 만들어진 조직, 치료가 필요한 고통받는 사람들을 위해 무엇인가를 하려고 노력하는 조직과 함께하고 있다.

MSF의 자원봉사자들은 맥없이 방관하며 도대체 우리가 무슨 일을 할 수 있겠느냐고 반문할 필요가 없다. 재난에 맞서서 우리는 행동한다. 행동이야말로 바로 우리의 선물이다.

데이비드 몰리

| 2장 |

" 현장의
　　자원봉사자들 "

MSF는 매년 약 3천 명의 자원봉사자들을 긴급의료구호가 필요한 세계 여러 지역으로 파견한다. 자신의 일과 가족을 남겨둔 채 기아와 폭력, 질병으로 고통받는 사람들을 돕기 위해 조국을 떠나는 이들 자원봉사자를 우리는 엑스팻ex-pat(ex-patriate의 줄인 말, '국적을 이탈한 사람'이라는 뜻—옮긴이)이라고 부른다.

엑스팻은 아프리카 오지의 촌락으로 떠나 아무도 돌보지 않는 사람들의 건강을 보살피고 AIDS, 말라리아, 결핵 등에 걸린 환자들에게 치료제를 나눠준다. 난민캠프에 급식센터를 세워 영양실조로 인한 질병에 걸려 죽어가는 어린이들을 치료하고, 자연재해로 생긴 이재민들에게 깨끗한 물과 위생시설을 제공한다. 또한 전투지역에 수술 텐트를 세워 교전 중 부상을 당하거나 고의적으로 공격당한 민간인들의 목숨을 구하기도 한다.

서로 다른 수많은 지역에서 건너와 저마다 다른 기술을 가진 이들

사이먼과 마리사가 일터로 향한다(2004년, 콩고).

엑스팻은 국제적인 자원봉사팀을 이뤄 MSF의 임무를 수행한다. 그들에게 한 가지 공통점을 찾는다면 인도주의 구호가 필요한 사람들에게 도움을 주고자 하는 열정일 것이다.

의사만으로는 일할 수 없다

많은 사람들은 MSF가 오직 의사들로만 구성되어 있다고 생각한다. 하지만 엑스팻의 직업은 실로 다양하며, 각각의 임무는 그들 개개인의 저마다 다른 기술과 재능을 필요로 한다. MSF에 지원하기 전에 그들은 나무를 심거나 오토바이를 고치거나 북극 혹은 청소년 보호소, 교실, 응급실 등에서 일한 바 있다. 전기가 없는 곳에 난민캠프를 세울 때, 판자촌에서 결핵진료소를 열 때, 전쟁에 휘말린 사람들을 치료하기 위해 전선을 가로질러야 할 때, 우리에겐 말 그대로 무슨 일이든지 할 수 있는 팀이 필요하다.

MSF 엑스팻 중 대략 3분의 1은 비의료 자원봉사자로 구성된다. 그들은 주어진 임무를 성공적으로 수행하기 위해 필요한 물자와 장비, 인력 등을 조달하고 유지·보수하며 수송하는 임무를 맡는다. 그들은 랜드크루저(4륜구동으로, 거친 지형에서도 잘 달리는 지프의 일종—옮긴이)가 고장 없이 잘 달리도록 하고 간이화장실을 만들며 붕대와 약품, 침대, 기타 임무에 필요한 모든 것들이 제대로 갖추어져 있는지를 확인한다.

숫자에 밝은 사람들은 임무와 관련된 수입과 지출을 관리한다. 그런가 하면 급수 및 위생시설을 만들고 콜레라센터를 설계하는 일은 엔지니어들의 몫이다. 전쟁지역에서 임무를 수행할 때는 군대가 작전을 개시하거나 우리 환자들의 안전을 위협하는 새로운 정치적 상황이 발생했을 경우 이를 미리 경고해줄 사람도 필요하다.

엑스팻 가운데 또 다른 3분의 1은 보건전문가들이다. 임무에 따라서는 정신보건전문가들도 합류하여 자연재난이나 전쟁으로 정신적 충격을 받은 사람들을 돕는다. 아프리카에 투입되는 전염병전문가들은 말라리아, 수면병, 홍역과 같은 전염병의 사례를 연구하여 MSF팀이 질병들과 보다 효과적으로 싸울 수 있도록 돕는다. 연구실의 검사원들은 채혈된 혈액을 검사해서 AIDS와 다른 전염병의 감염 여부를 가려낸다. 그들은 또한 지역보건 종사자들을 상대로 현미경 사용법이나 연구실 설계방법 등을 알려주고 훈련시킨다.

MSF가 수행하는 임무의 심장부에 해당하는 역할은 수백 명의 간호사들이 맡고 있다. 그들은 환자를 돌보고 회복과정을 점검하며 가족들을 안심시키는 한편, 그들이 맡은 공동체가 공중보건 문제를 어떻게 해결해야 하는지를 가르친다.

엑스팻 자원봉사자 중 3분의 1만이 의사들이다. 일반의, 외과의, 마취의, 열대병 혹은 공중보건 분야의 전문의 등이 여기에 포함된다. MSF가 수행하는 모든 임무의 취지는 치료가 필요한 환자들이 의사의 진찰을 받을 수 있도록 해주는 데 있다. 환자들 중에는 이전까지 단 한 번도 의사를 만나보지 못한 사람들도 많다.

임무수석조정관Head of Mission은 한 나라안에서 수행되는 여러 가지 사업들에 대한 총체적인 책임을 진다. 의료·물류·재정 등과 같은 주요활동을 영역별로 담당하는 일은 국가관리팀이 맡는다. 이 팀은 해외임무를 장기간 경험한 사람들로 구성되어 있다. 이들은 해외자원봉사자들과 현지직원들을 관리하고, 필요한 시간과 장소에 의료서비스 및 기타 인력이 공급되도록 한다. 병원이나 은행, 혹은 제대로 된 정부조차 없는 곳에서는 이는 결코 해결하기 쉬운 일이 아니다. 물론 그런 문제들조차도 이들이 겪는 수많은 난제 중 일부분에 지나지 않지만.

신참들

매년 새로 충원되어 첫 임무에 파견되는 신참은 1천 명 정도다. 우리 자원봉사자 가운데 3분의 1 정도가 인생에서 가장 뜻깊은 일들을 경험하고 있는 셈이다. 그들은 난생 처음으로 전쟁의 참화와 지진으로 황폐해진 생명들과 AIDS의 공포를 목격하게 된다.

신참들은 한편 MSF에 새로운 시각과 열정을 제공한다. 그들은 MSF가 다른 국제구호기구들처럼 너무나 많은 재앙을 접한 나머지 공감과 열정을 잃어가는 사람들로 가득 차게 되는 것을 막아준다.

경험자들이라면 "이게 끔찍하다고 생각해요? 3년 전에 내가 겪었던 일을 봤어야 하는데……"라고 말하고 마는 상황에서도 신참들은

MSF 자원봉사자들이 아침을 먹기 위해 1번 국도에 서 있다(2004년, 콩고).

그들이 목격한 것에 충격을 받곤 한다. 신참들은 우리가 처음 임무를 맡았을 때 어떤 느낌이었는지, 어떻게 세상을 바꾸고 싶어했는지를 상기시켜줌으로써 MSF의 양심이 된다.

MSF에 지원하려면

MSF는 인도주의 사업에 대한 열정과 현장에서 긴급의료 임무를 수행하는 데 필요한 기술을 겸비한 자원봉사자들을 필요로 한다. 세계 각국의 지원자들은 다양한 배경과 직업적 경험을 가지고 있다. 연령대 또한 가장 젊은 층인 20대부터 위로는 70대까지 다양하다. 자신의 분야에서 한창 경력을 쌓다가 MSF를 알게 된 사람들이 있는가 하면, 고교시절부터 MSF에서 일하고자 원했기에 인도주의 사업을 삶의 목표를 정한 사람들도 있다.

모든 지원자들이 갖춰야 할 절대적인 기준은 없다. 다만 MSF가 새로운 자원봉사자를 모집할 때 고려하는 몇 가지 자격은 다음과 같다.

- 의료분야(의사, 간호사, 조산사), 기술분야(급수, 위생시설, 정비, 통신, 건설), 관리분야(관리자, 사업책임자, 경영자)의 최소 2년 이상 경력
- 다른 문화권에서 살거나 일해본 경험
- 영어나 불어 중 한 가지에 능통하고, 기타 언어를 구사할 줄 알 것
- 임무를 맡으면 언제든 현지로 떠날 수 있고, 적어도 9개월 이상 체류할 수 있을 것
- 뛰어난 사회성과 소통능력
- 국제적인 인력으로 구성된 팀의 일원으로서 일할 수 있는 능력
- 헌신, 열정 그리고 용기

모집과정의 첫 단계는 지원신청이다. 지원서는 MSF의 웹사이트(캐나다의 경우 www.msf.ca, 미국의 경우 www.doctorswithoutborders.org)에서 확인할 수 있다. 제출된 지원서는 MSF 지부사무소의 인적자원 담당관이 검토한다. 서류가 통과되면 면접을 거쳐 기술과 열정이 모두 적합하다고 판단되면 훈련과정에 선발된다. 특정 임무에서 이들의 기술이 필요할 경우, 지원자는 드디어 신참으로 현장에 투입된다. MSF는 그들에게 여행경비와 생활비, 수당을 지급한다.

현지직원

현장에서 뛰는 엑스팻들은 현지직원들이야말로 진정한 영웅이라는 것을 알고 있다. 그들은 MSF가 파견된 해당 국가에 살면서 합류한 사람들이다.

약 1만 2천 명의 현지직원들이 매년 임무에 파견되는 3천 명의 엑

현지 의료직원들(2004년, 콩고)

스팻들과 협력하고 있다. 의사와 간호사, 물류관리자, 창고관리자, 목수, 엔지니어, 운전사, 통역원, 경비원, 청소부 등으로 활동하는 그들은 엑스팻에게는 익숙하지 않는 그 나라의 전통과 관습을 잘 알고 있으므로 일을 해결하는 데 능숙하다.

전쟁지역의 경우, MSF는 분쟁에 관련된 모든 파벌로부터 현지직원들을 고용하고자 노력한다. 이렇게 함으로써 MSF는 중립성을 확보하는 한편, 사람들이 서로 증오하지 않고 함께 일할 수 있다는 것을 보여준다.

함께 일했던 현지직원들을 떠올릴 때면 콩고공화국의 간호사, 미레유가 생각난다. 그녀는 휴가 동안 우리 진료소에서 환자들을 돌보곤 했다. 칼라보에서 만난 공중보건전문가 도로시는 언제나 침착하고 효율적으로 우리 진료소를 관리했다.

시에라리온 내전에서 간신히 살아남은 패트릭 역시 평화로운 세상을 만들기 위해 MSF와 함께 일했다. 장 바르나베는 눈에는 잘 띄지 않지만 언제나 도움이 되는 운전사였다. 그는 시끌벅적하고 정신없는 브라자빌 공항에 도착한 MSF 신참들에게 수완 좋은 안내자가 되어주곤 했다.

부드러운 목소리를 가진 의사 오션도 잊을 수 없다. 그는 콩고에 있을 때 만난 현지직원이다. 당시 콩고는 내전으로 인해 가옥과 농장, 학교와 병원마저 모두 파괴된 뒤였다. 그는 현지의료진들을 관리하면서 환자의 건강과 존엄성을 세심하게 보살폈다.

그가 가진 또 하나의 미덕 가운데 용기를 빼놓을 수 없다. 정부가 말라리아와 수면병(제3장 참조)의 치료제로 값싸고 약효 낮은 약품을 사용하자, 그는 이에 항의한 바 있다.

오션은 언젠가 나에게 이렇게 말했다.

"여러분이 이곳에 함께 있으니 좋군요. 세계가 우리를 완전히 잊지 않았다는 증거겠지요. 이곳까지 우리를 돕기 위해 달려온 여러분 덕분에 우리는 희망과 함께 서로를 돕고자 하는 의욕을 느끼게 되었습니다. 희망과 의욕이란 우리처럼 분쟁에 휘말린 사람들에게는 없어서는 안 될 것들이죠."

아프가니스탄에서 운영 중인 MSF 진료소에서 예방접종팀이 일하고 있다.

자원봉사자들의 목소리

에바 램 : 연구소 검사원

에바 램은 토론토에 있는 고등학교에 다닐 무렵, MSF에 관한 이야기를 듣고 장차 하고 싶은 일이 무엇인지 깨달았다. 그러나 과학 역시 좋아하는 분야였기 때문에 과학자가 되기 위한 길을 선택했다. 이후 캐나다에서 가장 큰 종합병원 몇 곳에서 연구원으로 근무했지만 아프리카에서 자원봉사자로 일하는 꿈을 결코 잊고 있지 못했다.

에바는 자신과 같은 연구원을 MSF가 필요로 할지 의문스러웠다. 그러나 평소 연구를 위해 현미경을 사용해온 덕에 MSF 연구소의 검사원이 될 수 있었다. 이후 그녀는 새로운 말라리아 치료제인 ACT(아르테미시닌 복합치료제. '아르테시아'라는 약초에서 추출한 성분으로 만든 말라리아 특효약―옮긴이)에 관한 중요한 조사를 이끌었다.

말라리아는 전세계적으로 어린이들의 목숨을 가장 많이 앗아가는 질병 중 하나로서, MSF가 직면한 가장 큰 문제이기도 하다. 과거에 많은 나라에서 사용했던 구식 치료제들은 더 이상 효과가 없다. 반면 ACT는 단 3일 만에 말라리아를 치료할 수 있으며, 가격도 60센트에 불과하다.

그러나 세계보건기구World Health Organization(1948년 보건위생 분야의 국제적인 협력을 위해 설립된 유엔 전문기구―옮긴이)와 각국 정부들은 말라리아가 퇴치될 수 있다는 사실을 받아들이는 데 미온적이었다. 따라서 MSF는 조사를 통해 그것이 가능하다는 점을 입증하고자 했다. 바로 이 조사에 에바의 기술이 필요했다. 그녀는 시에라리온의 카일라훈이라는 마을로 갔다. 아프리카에 있는 시에라리온은 10년 간의 내전으로 폐허로 변해 있었다.

"저는 카일라훈을 좋아했어요. 깊은 오지 마을이었지만 유엔평화유지군이 주둔 중인 덕분에 아이스크림도 있었죠! 저는 현지직원들에게 현미경 슬라이드 보는 법을 가르쳤어요. 슬라이드 보는 법은 자전거 타기처럼 한번 배우고 나면 절대 잊어버리지 않아요. 가장 어려운 일은 환자들로부터 채혈을 하는 일이었지만요."

시에라리온에서의 임무가 끝났지만 에바는 집으로 돌아가고 싶지 않았다.

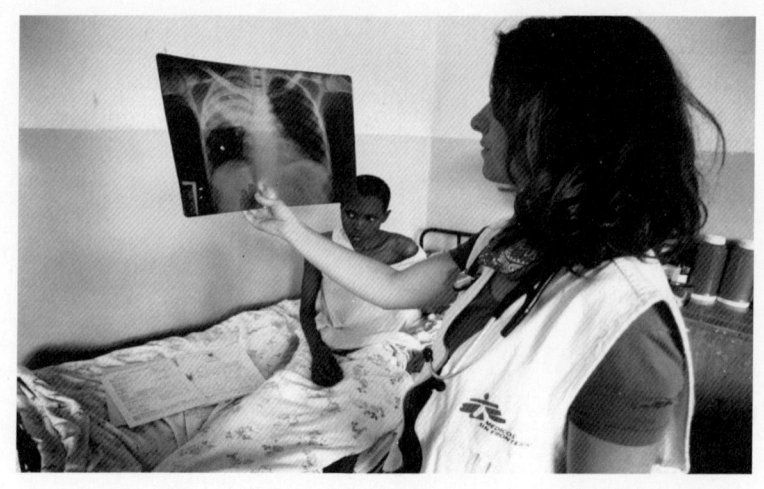

"고향에 있는 친구들이 저녁을 어떻게 차려 먹을까 생각하는 동안, 아프리카에 있는 제 친구들은 가족들을 위한 음식을 어디서 어떻게 구하나 고민해요. 자원봉사를 경험한 우리 같은 사람들이 TV만 봐서는 알 수 없는 많은 일들이 이 세상에 일어나고 있다는 사실을 부유한 나라 사람들에게 알려줘야 해요."

에바는 결국 아프리카로 돌아갔다. 그녀는 한동안 그곳에 머물 것이다.

"할 일을 찾는 것은 쉬워요. 하지만 나를 행복하게 만드는 일을 찾기란 쉽지 않죠. 아프리카는 보이지 않는 힘으로 저를 끌어당겨요. 이곳에 한번 와보면 좋든 싫든 아프리카는 당신의 핏속에 흐르게 되죠. 무엇보다 MSF는 정부지원에 의존하지 않기 때문에 우리는 도움이 가장 절실한 곳에 가지, 정부가 떠미는 곳에 가지 않아요. 그것은 제가 사람들의 삶에 최대한의 도움을 줄 수 있다는 것을 뜻하죠."

클레아 칸 : 물류관리자

희극단원들과 함께한 인생, 그리고 MSF와 함께한 인생. 이것이 클레아 칸이 살아온 여정이다. 가끔은 그녀조차 그 차이를 구별할 수 없긴 하지만.

" 'Just for laughs(캐나다 몬트리올에서 매년 열리는 세계적인 희극 페스티발—옮긴이)'의 무대감독과 MSF의 물류관리자, 이 두 역할에는 공통점이 많습니다. 필요한 시점에 모든 것들이 제자리에 있도록 해야 하죠. 일하는 환경은 전혀 다르지만 말이에요."

스리랑카에서는 의약품과 병원장비들을 후방에서 준비해 전선 너머로 보내야 했다.

"전쟁터의 군인들은 모든 물품을 군수물자로 오해합니다. 심지어 전선 너머로 진통제를 보내려 해도 의심의 눈초리를 보내지요. 적군에게 이로운 일이라고 생각하니까요."

극장에서의 그녀의 경험은 쓸모가 많아, 현지 보건종사자들에게 연극을 가르쳐 상연한 적도 있다. 이런 공연들은 전쟁의 포화 속에 휩싸인 민간인들이 극한 상황에서 느끼는 스트레스에 대처하는 데 큰 도움이 된다.

"한쪽에서는 정부군이 포위공격을 하고, 반대쪽에서는 반군들이 민간인들의 돈을 쥐어짜고 있다고 생각해보세요."

클레아는 스리랑카에서 방글라데시로 갔다. 그곳에서 MSF는 버마

(1989년 미얀마로 국호가 바뀜—옮긴이)에서 피난 온 사람들을 위한 의료 프로그램을 실시하고 있었다. 정부와 유엔은 난민들이 버마로 돌아가기를 원했다. 그러나 그들은 돌아가기를 두려워했다.

이에 클레아는 MSF의 의료프로그램을 감독하는 한편, 정부당국이 난민들의 권리를 모른 체하지 않는지 예의주시했다. 이때의 경험을 통해 감시하는 외부인이 있으면 상황이 조금은 나아진다는 것을 배웠다. 훗날 다르푸르(수단의 분쟁지역으로, 이슬람계 정부와 아프리카계 기독교도 사이의 인종·종교 갈등에서 촉발된 내전으로 인해 2003년 이후 20만 명이 희생되고 250만 명의 난민이 발생했다—옮긴이)에서 도망쳐 차드로 온 난민들을 도울 때도 같은 경험을 했다.

"잔자위드 민병대(수단 정부의 지원을 받는 아랍계 민병조직—옮긴이)는 외국인이 있을 때는 공격을 자제했죠. 외부세계의 눈이 그곳 사람들을 좀더 안전하게 지켜주는 셈입니다."

클레아는 난민들에게 있어 가장 급선무는 보호를 받는 일이라고 생각한다.

"정부군와 반군의 권한을 제한하는 협정에 모든 나라들이 서명했습니다. 그러나 무법천지에서 난민들이 당하는 일을 보세요. 총을 쥔 자들에게 국제인도법International Humanitarian Law(3장 참조)과 같은 법이 있다는 것을 각인시켜야 합니다. 사람들에게는 엄연히 인권이 있고, 싸우고 있는 그들이라고 해서 무슨 일이든 마음대로 할 수는 없다는 사실을 말해줘야 합니다.

난민들은 보호가 필요해요. 의료봉사를 하는 우리가 그곳에 있는 동안에는 우리라는 존재가 그들을 어느 정도 보호해줄 수는 있지요."

랄프 히센 : 엔지니어

독일에서 오토바이 대리점을 성공적으로 운영하고 있던 랄프 히센의 삶에 변화가 생긴 것은 1994년이다. TV에서 르완다의 대량학살을 목격하고 충격을 받은 그는 무엇인가를 해야만 한다고 생각했다.

"아프리카에 가본 적이 있습니다. 대학을 막 졸업하고 소말리아로 떠나 그 모든 것들을 보게 됐죠. 난민수용소, 고통, 아프리카 사람들의 상냥한 환대……. 그때 언젠가 다시 돌아오리라 생각했습니다."

랄프는 정말로 돌아갔다. 처음에는 르완다로, 그 다음엔 부룬디로, 콩고로, 그리고 수단으로.

그러나 오토바이를 팔던 사람이 MSF를 위해서 무슨 일을 할 수 있을까? 랄프와 같이 기계를 잘 다루는 사람들이라면 할 일은 많다. 폭격 맞은 병원 수술실에 조명 설치하기, 필요한 부품이 수백 킬로미터 밖에 있더라도 고장난 차를 어떻게든 달리게 하기, 찢어진 정수기 필터 짜깁기…….

"제대로 된 자재가 없다 보니 임기응변으로 일을 처리하는 것이 자연스러워졌습니다. 가만히 앉아서 기다릴 수는 없죠. 계속 전진하려면 머리를 써야 하니까요. 현지사람들에게도 배울 것이 아주 많습니다. 펑크 난 타이어를 고치는 걸 보세요. 버려진 타이어에서 고무조각을 떼어내 바퀴에 꿰매어 붙이기도 하죠. 덜컹거리긴 해도 문제는 없습니다."

진료소의 전기 및 급수 시스템이 제대로 작동하게 하려면 때로는 랜드크루저를 타고 군사검문소를 넘나들며 그 지역을 장악한 무장세력과 협상을 벌여야 한다.

"저는 우리가 MSF라는 방패를 갖고 있다고 생각합니다. 우리의 이상은 단지 사람들을 돕겠다는 것뿐이고, 실제로도 그렇게 하고 있죠. 따라서 우리는 안전할 거라고 확신합니다."

그러나 그런 일은 현지직원들보다는 엑스팻 자원봉사자들에게 오히려 유리할 때가 있다.

"한번은 트럭 한 대와 랜드크루저 한 대로 전선을 넘어가고 있었습니다. 주변의 모든 것이 불타고 있었죠. 우리 자원봉사자들은 그다지 염려되지 않았습니다. 하지만 현지직원들이 군인들에게 발각되면 위험할지도 모르는 상황이었습니다. 그렇다고 되돌아갈 수도 없었기 때문에 현지직원들을 트럭 한가운데로 모으고 우리 외국인들이 차창 옆에 바짝 붙어 군인들이 오로지 우리만 볼 수 있게 했지요. 덕분에 무사히 그곳을 통과할 수 있었습니다."

랄프는 웃는다.

"제가 맡은 일도, 사람들을 돌보는 일도 행복합니다. 머리와 손을 쓰면 즉석에서 만들어내지 못할 것이 없죠. 또 하나, 친구를 사귀고 싶다면 주고 받아야 합니다. 당신이 주면 그 다음엔 받게 되지요. 아프리카 사람들에게 너무나 많은 것을 배웠습니다. 저도 그들에게 무엇인가 가르쳐준 것이 있다면 좋겠어요. 하지만 좋은 친구들을 사귀었다는 것만은 분명하지요."

에스더 음툼부카 : 의사

"고교시절에는 수학을 좋아해서 공학도가 되려고 했습니다. 그러나 마지막 학년 때 생물학이 좋아져서 의사가 되기로 생각을 바꿨습니다."

동아프리카의 탄자니아에서 자란 소녀에게는 평범한 길이 아니었다. 에스더는 학년에서 7명뿐인 여학생들 중 하나였다.

의사가 되고 나서도 그녀의 노력은 계속되었다.

"예산이 충분치 못한 우리 탄자니아의 의료시스템은 사람들에게 큰 도움이 되지 않는다는 것을 알게 됐습니다. 서방국가의 경우 공중보건이야말로 국민건강을 향상시키는 데 가장 큰 역할을 해왔다는 것도 말이죠. 탄자니아에는 공중보건 과정이 없었으므로 대사관들을 돌아다니며 장학금을 받을 수 있는지 알아봤습니다."

결국 에스더는 장학금을 받아 공중보건학을 공부하기 위해 네덜란드로 건너갔다.

유럽에 있는 동안 MSF에 관해 알게 된 에스더는 자원봉사자로 지원하여 잠비아의 HIV · AIDS 담당의사가 되었다.

아프리카 여성으로서 에스더는 확실히 유리한 점을 가지고 있다.

"제가 살던 곳과 아주 똑같지는 않지만, 그래도 이곳의 문화를 다른 사람들보다 더 많이 이해합니다. 덕분에 다른 자원봉사자들보다 더 빨리 배울 수 있죠. 그러나 환자들이 다른 자원봉사자들에게 하는 것과 달리 나를 대한다고는 생각하지 않습니다. 그들에게 중요한 것은 그들을 대하는 우리의 태도입니다."

에스더는 MSF가 단 1년 사이에 그곳 사람들의 삶에 가져온 변화를 보고는 놀라워했다.

"전에는 어떤 치료도 불가능했기 때문에 누구도 자신이 HIV 양성이라는 것을 인정하지 않았습니다. 그러나 지금 이 지역에서는 공개적으로 자신이 HIV 양성임을 밝히며, 주립보건소를 찾아와 치료제를 요구하기도 합니다. HIV 검사를 받게 해달라고 찾아오는 이들도 있지요. 사람들이 희망이 있다는 것을 느끼게 된 겁니다. 검사를 받고 양성으로 판명되더라도 어느 정도 희망이 있다는 것을 알게 됐으니까요.

우리 손에 AIDS 치료제가 있기 때문에 저 또한 AIDS에 조금 더 침착하게 대처할 수 있게 되었습니다. 제 고향 탄자니아에서는 누군가에게 AIDS 양성임을 알리는 것은 곧 사형선고나 다름없었죠. 지금은 그들도 희망을 가질 수 있습니다. AIDS를 치료하기 위해 환자에게 항레트로바이러스제를 처방하면, 2~3주 안에 환자들의 얼굴이 훨씬 밝아집니다. 그것이 가장 큰 보상이죠."

리키에 엘레마 : 간호사

"저는 네델란드에서 살던 어린시절부터 간호사가 되고 싶다고 생각했습니다. 왜냐구요? 그저 사람들을 돌보는 일이 좋았으니까요."

그녀는 휴가차 아프리카에서 하루를 보낸 후 그곳에서 간호사 생활을 하기로 결심했다. 그녀는 MSF에 지원해 자원봉사자로 받아들여졌고, 임무를 위해 떠날 날을 기다리고 있었다.

"금요일에 전화 한 통을 받았습니다.

'다음주에 북부 우간다로 떠날 수 있나요?'

우간다의 수도 캄팔라에 도착하고 나서야 우리가 2만 5천 명의 이재민들을 위한 프로그램을 실시한다는 말을 들었습니다. 정부군과 반군 사이에 전투가 빈번한 지역이었죠. 포장도로가 끝나자 일행은 차를 멈추고 랜드크루저에 커다란 MSF 깃발을 붙였습니다. 이유를 묻자 우리 책임자가 대답했어요.

'그래야 반군들이 우리가 누군지 알 수 있을 테니까요.'"

도로에는 그들 말고는 아무도 없었다. 걷는 사람도, 차를 타고 지나가는 사람도. 오, 하나님! 내가 어디에 가고 있는 거지? 이곳은 도대체 어딜까? 리키에는 생각했다. 그러나 일단 목적지에 도착해서 일을 시작하자 기분이 나아졌다.

"우리 모두는 빨리 배웠습니다. 외과 프로그램을 운영하면서 7개의 작은 진료소들을 관리했지요. 진료소에 탁자를 놓으면 200명이 줄을 서곤 했습니다. 오랫동안 치료라곤 받아본 적이 없는 사람들이었지요. 내전으로 가축을 다 잃는 바람에 너무나 많은 아이들이 콰시오커로 고통받고 있었습니다. 단백질 부족으로 인한 심각한 영양실조였죠. 다리가 붓고 머리카락은 금발로 바뀌고. 그들은 죽어가고 있었습니다.

전쟁은 점점 더 악화되고 있었습니다. 반군 우두머리 가운데 하나는 몸에 기름을 바르면 상처를 입지 않고, 자신에게는 돌도 수류탄으로 만드는 권능이 있다며 추종자들을 선동하고 있었지요. 그들은 우리가 있는 도시를 4번이나 공격했습니다.

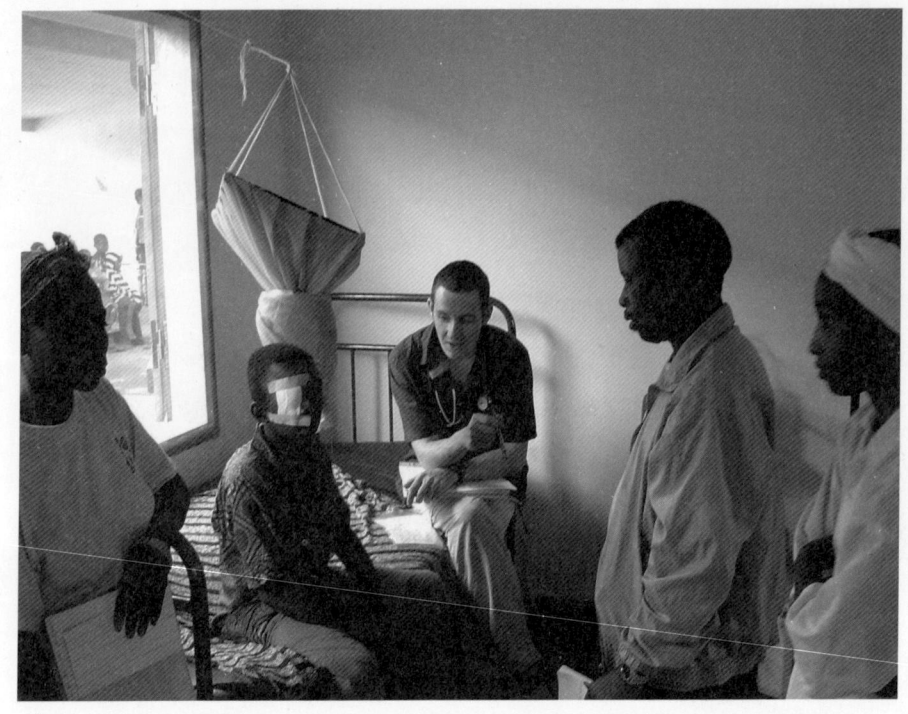

　반군들이 공격했을 때 저는 수술실에 있었습니다. 처음에는 밖에서 총소리가 났습니다. 그리고는 그들이 병원으로 들이닥쳤죠. 우리는 전투가 지나갈 때까지 콘크리트 탁자 아래에 숨어 있어야 했습니다. 그들이 우리에게 위협을 가한 것은 아니었습니다. 그저 정부군과 반군 사이의 교전이었을 뿐이죠.
　그곳에 머무는 동안 마을 여기저기서 차를 몰거나 돌아다니면 현지 사람들에게 도움이 됩니다. 서로 연대감을 느끼는 것이 중요하니까요. 다른 외국인들이 모두 떠난 뒤에도 우리가 그곳에 남아 있다는 사실이 사람들에게 안도감을 주게 되죠."

리키에는 그곳에 반 년 정도 있을 생각이었으나, 우간다에서만 1년을 머물렀다. 이후에는 케냐, 모잠비크, 그리고 잠비아로 계속 이동하며 MSF와 17년을 함께했다.

"왜냐구요? 우리가 도움이 된다고 믿기 때문이죠. 아무도 없을 때 우리는 그곳에 있었습니다. 케냐에서 임무를 마쳤을 때 소말리족 추장이 저에게 했던 말을 잊을 수 없습니다.

'정말 감사합니다. 이제 우리 스스로도 할 수 있습니다.'

저는 이상주의자입니다. 공동체를 위해서 무엇인가 할 수 있는 능력이 있다면 당신은 도전을 받아들여 그 일을 해야 한다고 생각합니다."

콩고에서의 임무

이 글은 내가 2004년 콩고공화국에서 임무수석조정관으로 일할 때 기록한 일기에서 발췌한 것이다.

도착, 그리고 출발

콩고의 수도 브라자빌에 있는 마야마야 공항의 입국심사장은 어수선했다. 군중들 틈을 비집고 조금씩 앞으로 나가는 동안 네댓 명의 사람들이 내 여권을 검사했다. 이곳의 분위기는 아프리카의 다른 지역에 비해서 활기차고, 기관총도 그다지 위협적으로 배치되어 있지 않았다. 사람들도 친절했다.

입국심사장을 지나 황열(아프리카와 남미에서 발생하는 악성전염병으로 모기에 의해 전염된다—옮긴이)검사장을 향해 늘어선 줄을 따라 느릿느릿 걸어갔다. 캐나다 보건부가 발급한 내 카드(황열 등 풍토병 예방접종 확인서—옮긴이)를 확인한 검사장의 여직원은 꽤나 실망한 눈치였다. 예방접종확인서 미소지자에게 카드를 팔아 그들이 부수입을 챙긴다는 사실을 나는 나중에야 알게 됐다. 일에 비해 괜찮은 수입원인 셈이었다.

군중 속에 섞여 짐을 찾는 곳까지 떠밀려갔다. 북적대는 사람들 속에서 진땀을 흘리며 가방을 찾고 있을 때였다. 호리호리하지만 강인해 보이는 사람이 다가와 불쑥 말을 걸었다.

"데이비드 선생님? 저는 폴 선생님과 함께 일하고 있습니다. 제 이름은 장 바르나베입니다. 브라자빌에 오신 것을 환영합니다."

드디어 도착했다.

열흘 후, 이번에는 내가 우테라는 독일인 의사를 마중 나갈 차례가 되었다. MSF 티셔츠를 입고서 장 바르나베와 동행했다. 장 바르나베는 내전 때문에 독일 대사관이 철수하기 전까지 19년 간이나 대사관의 운전사로 일했다. 수년 간 외국에서 오는 사람들을 마중하고 배웅해온 그가 공항을 속속들이 아는 건 너무나 당연했다.

입국장으로 들어가는 입구에서 한바탕 소란이 벌어졌다. 목소리가 크고 거만한 경비원이 위압적인 태도로 바닥의 표시를 곤봉으로 가리켰다.

"왜 이 선을 넘었습니까? 뒤로 물러서요, 물러서!"

나는 뒤로 물러났다. 하지만 경비원이 고개를 돌리자마자 장 바르나베가 내 소매를 잡고 두 걸음 앞으로 나아가 모퉁이를 돌았다. 이번에는 덩치가 더 큰 경비원이 곤봉을 휘두르며 우리를 막았다.

장 바르나베에게는 사람들 눈에 띄지 않는 재주가 있었다. 그는 완벽할 정도로 조용히, 조심스럽게 움직이기 때문에 군중 속에 섞여 있다 보면 어느새 시야에서 사라지고 만다. 곤봉을 휘두르던 사나이가 다른 곳을 돌아보자 장 베르나베는 다시 내 소매를 붙잡고 황급히 그곳을 통과했다. 같은 방법으로 우리는 황열검사장까지 갔다.

잠시 후 제복을 입은 젊은 남자가 크게 웃으며 우리에게 물었다.

"당신들이 마중 나온 대령님의 이름을 아시오?"

우리는 물론 그곳에 도착할 대령의 이름따위 알 수 없었다. 그는 정중하게 우리를 통로 맨 뒤로 돌려보냈다. 투명인간으로 변하는 장 바르나베의 재주도 대령 앞에서는 통하지 않는 모양이었다.

"저는 MSF 자원봉사자들을 한눈에 알아볼 수 있습니다."

장 바르나베가 에어프랑스에서 내리고 있는 한 무리의 아프리카인들과 유럽인들을 바라보며 말했다.

"2년 반 동안 이 일을 해오다 보니 항상…… 저길 봐요. 저기 그녀가 오네요."

물론, 이번에도 그는 제대로 맞혔다.

이틀 뒤 나는 독일인 의사인 우테와 쿠바에서 공부한 콩고인 의사 다니엘과 함께 응카이에 가기로 되어 있었다. 장 바르나베가 국제선에서 그랬던 것처럼 이번에 우리 순진한 외국인들이 국내선 여행을 할 수 있도록 도와줄 사람은 뤽이었다.

물정 모르는 캐나다인이 콩고에서 누군가의 도움 없이 국내선 탑승 수속을 한다는 건 불가능하다. 표지판은 물론, 무엇을 해야 하는지 알려주는 안내라곤 전혀 없는데다 주위에는 온통 한꺼번에 떠들어대고 있는 사람들뿐이다.

우리 비행기표은 TAC 항공사로 예약되어 있었지만, 사람들이 몰려 있는 곳은 TAAG의 매표구였다. 게다가 우테의 비행기표는 이틀 전 날짜에, 그것도 다른 사람 이름으로 예약되어 있었다. 그러나 뤽은 일을 어떻게 처리해야 하는지 알고 있었다. 그는 매표구를 향해 잠시 사라지더니 저만치 밀려나 있던 우리 셋을 돌아보며 엄지손가락을 올려 보였다. 그러나 짐을 부치기까지는 다시 20여 분을 더 기다려야 했다.

내가 응카이를 떠난 것은 며칠 뒤 이른 아침이었다. 공항이라고 해 봐야 붉은 진흙 위로 난 활주로 하나와 한쪽에 떨어진 작은 격납고가 전부였다. 격납고에 서서 나는 맨발로 천천히 활주로를 걸어가고 있는 한 여인을 바라보았다. 이마에 두른 끈이 어깨를 지나 등에 업은 커다란 바구니를 지탱하고 있었다. 비행기에서 내리고 있는 여행객들에게는 눈길 한번 주지 않은 채 그녀는 아주 기품 있는 걸음걸이로 활주로를 가로질러 또 하루의 노동이 기다리는 사탕수수밭으로 멀리 사라졌다.

격납고에서 기다리는 시간이 꽤 길어졌다. 멀리 보이는 응카이 주

응카이 공항

변의 평원과 산은 광대하지만 단조로웠다. 격납고 앞에는 고독한 망고나무 한 그루가 서 있었다.

  남자들은 금색, 빨간색, 초록색, 은색 등 멋지게 늘어진 긴 겉옷을 걸치고 있고, 콘크리트 바닥에는 한 할머니가 더러운 헝겊을 깔아놓고 바게트, 바나나, 담배 등을 팔고 있었다. 그 자리가 응카이 공항의 스낵바인 셈이었다. 한쪽에서는 흔들리는 철제테이블을 사이에 두고 TAC 항공과 에어로서비스 항공이 탑승수속을 밟고 있었다. 또 다시 알 수 없는 거래가 벌어지는 것을 보며 나는 당혹스러움을 감추지 못했다.

응카이 공항의 스낵바

이곳에 올 때 이용했던 TAC 비행기와는 달리 에어로서비스의 비행기는 페인트가 칠해져 있었다. 그러나 파도 문양의 붉은색 로고 탓인지 꼬리날개에 마치 불이 붙은 것 같아 왠지 불안해 보였다. 다만 비행기 내부에 응카이의 끈적끈적한 진흙을 묻혀 들어오지 못하도록 탑승계단 앞에 신발떨이를 둔 것은 나름 세심한 배려에 속했다.

이 구식 러시아 비행기는 내부 역시 TAC 항공기보다 훌륭했다. 예컨대 TAC의 부조종사가 그랬던 것처럼 비행기 문을 닫기 위해 내 머리 위의 천장 패널을 열어 드러난 배선을 건드릴 필요도 없었다.

잠시 후 러시아어와 영어로 안내방송이 흘러나왔다.

"금연해주시고, 안전벨트를 착오하세요(착용하세요)."

금요일에 나는 콩고강을 건너 우리 대사관이 있는 콩고민주공화국의 킨샤사(콩고민주공화국의 수도—옮긴이)로 갈 계획이다. 뤽은 나를 배까지 안전하게 데려다주겠다고 약속하며, 그곳에서 명심해야 할 당부의 말을 잊지 않았다.

"조심하세요. 저쪽은 혼란스럽다고 합니다."

MSF 자원봉사자가 동남아시아의 쓰나미 피해 현장을 조사하고 있다.

|3장|

재난과
전쟁의 땅

◆

전쟁이 끝났다. 우리는 버려진 국도를 따라 북상하다 마을로 이어지는 진흙길로 접어들었다. 이 마을에 쓸 만한 병원침대가 남아 있을 거라는 얘기를 들은 터라, 그것들을 찾아내 우리가 복구 중이던 마케니의 주립병원으로 가져갈 생각이었다.

우리는 몇 주 전부터 시에라리온에 위치한 이 지역에 머무르고 있었다. 우리가 탄 흰색 랜드크루저를 처음 본 사람들은 언제나 놀라 도망부터 치곤 했다. 그들은 분명히 기억하고 있었다. 차를 타고 마을에 나타난 사람들은 누군가를 치료하기 위해서가 아니라 사람들을 해치기 위해 왔다는 것을. 그러나 이번에는 달랐다. 사람들은 우리를 알아봤다. 아이들도 신나게 뛰어다니며 우리를 환영했다.

불타버린 진료소 앞에 차를 멈췄다. 추장을 기다리는 동안, 이가 몽땅 빠진 한 노인이 터덕터덕 걸어가 나무에 매달린 커다란 북을 두들기기 시작했다. 쿵쿵쿵. 낮은 북소리가 멀리 퍼져 나갔다.

진료소 안으로 들어가봤지만 침대는 없었다. 추장을 따라 마을 여기저기를 다니다 보니 침대를 하나 둘 발견할 수 있었다. 어느 오두막에 임신한 여자가 누워 있는 침대 하나가, 또 다른 오두막에 병든 노인이 누워 있는 침대 하나. 그것들은 마을에 남아 있는 유일한 가구인 듯했다.

땡볕에 서서 어떻게 할까 의논하고 있을 때, 수풀 속에서 호기심에 찬 사람들이 나타났다. 북소리를 듣고 온 이들은 잊혀진 시에라리온의 벽지 마을에 찾아온 손님들을 보고 싶어했다. 그들은 호기심이 많았다. 또 가난했다. 우리는 그 침대들을 가져갈 수 없었다. 마을사람들이 그것들을 불탄 진료소에서 가져갔다 한들, 어떻게 우리가 마케니의 병원으로 가져가겠다고 침대를 내놓으라 할 수 있겠는가?
 우리는 마음을 정했다. 수도로 돌아가서 침대를 찾아보자. 이 침대들을 가져갈 수는 없다. 그제서야 추장은 안도하며 만면에 웃음을 띠었다.
 마케니 병원이 정상화되자마자 우리는 그 마을을 다시 방문했다. 간호사와 의사들도 함께.

데이비드 몰리
2002년

2002년, 마케니 병원에서 쓸 침대를 구하러 갔던 그날은 시에라리온에서 MSF가 활동한 지 거의 20년이 되어갈 무렵이었다. 1986년에 시작된 우리의 첫 임무는 콜레라에 감염된 사람들을 치료하는 일이었다. 1989년에는 라이베리아 내전(1989년 군벌들간의 갈등으로 시작되어 종족분쟁으로 확대된 내전으로, 250만 인구 중 20만 명이 사망하고 70여 만 명의 난민이 발생하였다—옮긴이)을 피해 시에라리온 국경을 넘어온 난민들을 구호했다.

1991년에 시작된 시에라리온의 내전이 11년 간이나 계속되는 동안에도, MSF는 전장 한복판에서 여러 가지 임무를 수행했다. 혁명통일

14세의 이 소녀는 시에라리온 내전에서 손목을 잃었다. 그녀와 그녀의 아들은 프리타운 Freetown에 있는 MSF 캠프에서 살고 있다.

전선의 반군들은 무자비하게 민간인들을 공격했다. 1만 명 이상의 어린이들이 유괴되어 강제로 소년병이 되는가 하면, 수천 명의 여자들이 납치되어 고문을 겪고 강간당했다. 반군들은 무고한 양민들을 공격하여 귀와 손, 사지를 잘라내고 농장과 집, 학교, 병원을 약탈하고 파괴했다. 이렇게 전쟁이 격화되는 동안에도 MSF 자원봉사자들은 병원과 수술텐트에서 부상자를 치료하고, 난민촌에 모여든 수천 명의 집 잃은 피난민들에게 임시숙소와 식량, 물, 의료서비스, 그리고 반군들로부터의 안전한 피난처를 제공했다.

내전은 공식적으로는 2002년에 막을 내렸지만, 인도주의의 위기는 끝나지 않았다. 내전의 여파로 인해 시에라리온 사람들은 병원과 의사, 간호사는 물론 가장 기본적인 의료행위조차 기대할 수 없었다. MSF는 전후 임무를 수행하면서 병원과 진료소를 재건하고 의료서비스를 제공하기 시작했다. 또 한편에서는 라이베리아와 시에라리온 난민들을 위한 난민촌 구호활동을 계속했다. 시에라리온에서 펼쳐온 일련의 활동들은 장기적인 임무의 한 사례로서, 세계에서 가장 가난한 사람들을 위한 MSF의 헌신을 보여준다.

임무를 전개하다

MSF에서 일하는 사람들에게 있어 가장 어려운 문제는 어느 곳에서 임무를 전개할 것인가를 결정하는 일이다. 도움이 필요한 사람들이

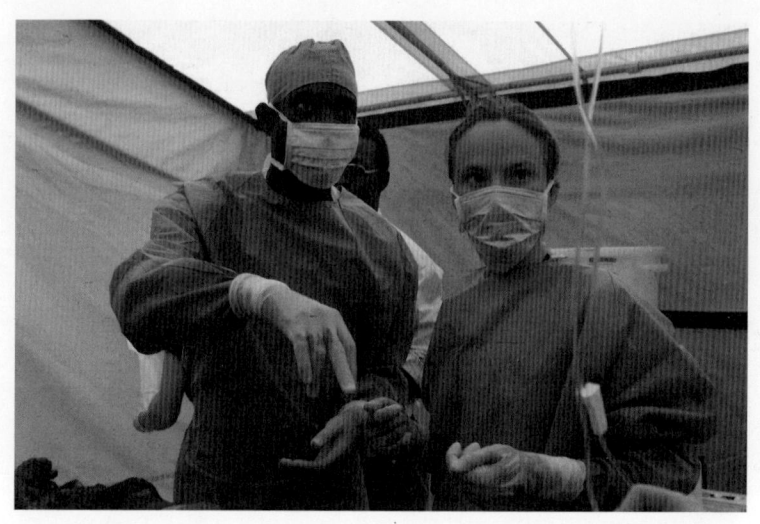

텐트 수술실

있는 곳은 너무나 많다. 절망적인 한 지역에서 봉사하기로 결정하면 또 다른 곳의 절망은 계속되리라는 것을 우리는 알고 있다.

무력분쟁이나 자연재해에 관한 소식이 전해지면 MSF는 답사팀을 보낸다. 그들은 현재상황에서 주민들의 건강이 얼마나 나빠졌는지, 해당 국가의 의료시스템이 그 상황에 대응할 수 있는지, 다른 인도주의 단체가 참여했는지 등을 평가한다. 그런 다음 유럽의 MSF 관리센터들 중 한 곳이나 북미지부에 이를 보고한다.

자원봉사자들은 답사팀의 보고서를 토대로 충분한 토론을 거친다. 그러나 우리가 할 수 있는 일의 범위나 어떤 부분에서 가장 큰 효과를 이끌어낼 수 있는가 하는 문제에는 언제나 한계가 있게 마련이다. 그래서 종종 과학적이기보다는 경험적인 방법으로 결정이 내려진다.

결국에는 도움이 가장 절실하고 가장 절박한 사람들을 돕기로 하는 것이다.

결정이 내려지고 나면, 국가관리팀이 활동을 시작한다. 의사와 간호사가 몇 명이나 필요한가? 급수 및 위생시설을 만들 기술자가 필요한가? 콜레라가 창궐할 위험은 없는가? 사람들이 식량과 임시숙소를 필요로 하는가? 당장 섭외할 수 있는 현지직원들은 몇 명이나 되는가? 제대로 된 병원은 갖춰져 있는가? 도움이 필요한 사람들에게 어떻게 접근할 것인가? 이런 질문들에 대한 답이 나오면 지원자를 모집하고 응급의료물품 확보에 나서는 한편, 운송수단을 마련한다.

자연재해의 경우에는 보통 수개월 정도면 구호활동의 규모를 줄여 나갈 수 있다. 그러나 내전이 발발한 경우에는 임무에 소요되는 시간이 훨씬 길어진다. 또 홍역, 에볼라, 수막염 같은 질병들은 비교적 빨리 대처할 수 있는 반면, 치명적인 3가지 병—말라리아, 결핵, AIDS는 장기적인 임무가 요구된다.

항상 준비되어 있는 응급물품

MSF의 자원봉사자들이 현장에 빨리 도착하면 할수록 더 많은 생명들을 구할 수 있다. MSF는 보통 현장에 제일 먼저 도착하곤 한다. 이 모두가 즉각적으로 현장에 투입할 수 있는 의료장비를 충분히 확보해둔 덕택이다. 하루에 300명을 치료할 수 있는 외과용 장비에서부터 무

MSF가 코소보의 프리스티나에 있는 병원에 보급품을 공급하고 있다.

전기와 랜드크루저를 포함하는 기본적인 장비에 이르기까지 응급상황에 대처할 수 있는 모든 종류의 물품으로 구성된 이 장비세트는 임무의 성격에 맞게 적절히 혼용하거나 짝을 맞춰 사용하도록 고안되어 있다.

전염병

사람들이 굶주림이나 상처로 인해 허약한 상태이거나 깨끗한 물과 화장실이 없는 곳에 밀집하여 살게 되면 콜레라, 홍역, 황열, 수막염 등과 같은 전염병이 발생할 위험성이 높아진다. MSF의 자원봉사자들

어린이들이 화장실을 이용하도록 선도하는 안내판(콩고)

MSF 자원봉사자가 급수차의 깨끗한 물을 저수조에 채우고 있다.

3장 재난와 전쟁의 땅 • 79

은 이런 상황에 맞서 예방접종캠페인을 벌이는 한편, 화장실을 만들고 새로운 우물을 파거나 커다란 저수조를 만들어 급수차로 실어온 물을 채운다.

복잡한 임무

우리가 수행하는 임무들 가운데 가장 복잡한 일들은 자연재해 혹은 전쟁으로 인한 난민이나 국경을 넘어 온 피난민들을 위한 수용소에서 발생한다. 이런 경우에는 보통 영양실조, 전염병의 위험, 물과 화장실 문제, 때로는 전쟁으로 인한 부상 등 한 가지 이상의 문제들을 다루게 된다.

피난민이나 이재민을 위한 난민촌에서 MSF가 가장 먼저 하는 일은 사람들의 영양상태를 측정하는 일이다. 급성영양실조에 걸린 사람들, 즉 음식물을 충분히 섭취하지 못한 탓에 급속히 쇠약해질 우려가 있는 사람들을 가려내기 위해서다.

영양실조 측정하기

MUAC(어깨부터 팔꿈치까지의 중간지점에 해당하는 팔근육 둘레를 말함—옮긴이) 팔찌는 어린이들의 영양상태를 알아보기 위해 MSF가 사용하는

영양실조에 관하여

- 사람들은 건강을 유지하기 위해 하루 평균 2,100칼로리를 필요로 한다. 어린이와 임신한 여성, 모유를 먹이는 여성의 경우, 더 많은 칼로리를 필요로 한다.
- 5세 미만의 어린이들은 제일 먼저 영양실조에 걸린다. 그들은 영양가 있는 음식을 소량으로 자주 섭취해야 한다. 성장하기 위해서는 많은 칼로리가 필요하기 때문이다.
- 영양실조는 감염과 바이러스에 대한 저항력을 떨어뜨린다. 영양실조에 걸린 사람들이 폐렴, 설사, 콜레라, 홍역, 말라리아 등의 다른 병으로 자주 사망하는 것도 그 때문이다.

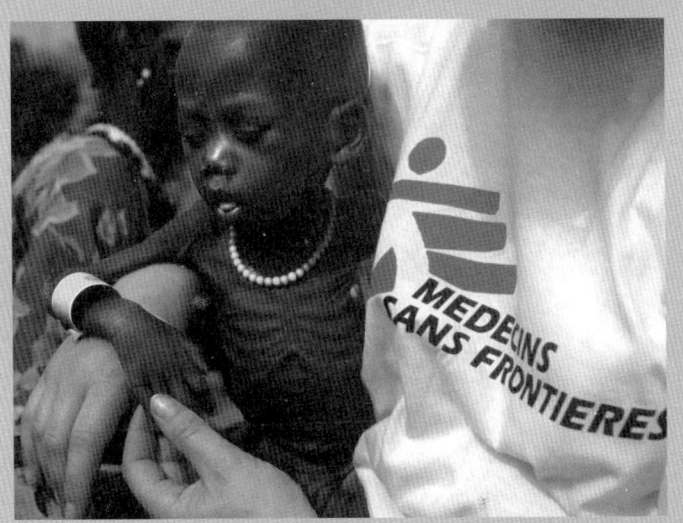

이 어린이는 마라스무스라는 병으로 고통받고 있다. 급성영양실조의 가장 일반적인 증세이다. 마라스무스에 걸린 어린이들은 충분히 먹지 못한 탓에 지방과 근육이 모두 없어지고 쇠약해진다. 콰시오커 역시 단백질 부족으로 생기는 영양실조다. 이 병에 걸린 아이들은 복부와 얼굴이 붓는다.

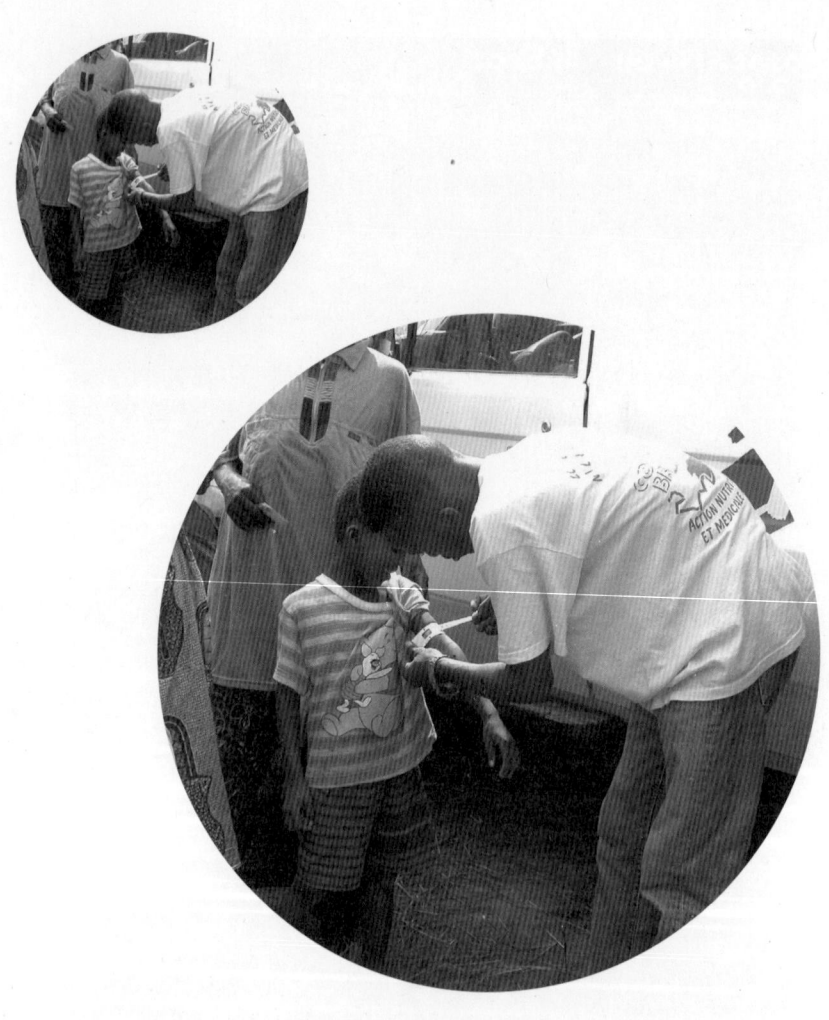

MUAC 팔찌는 6개월에서 5세까지의 어린이 팔에 끼우는 팔찌로, 색깔로 판별하는 측정테이프이다. 어깨에서 팔꿈치까지의 중간지점에서 측정한 팔뚝 둘레가 빨간색 영역에 해당하는 것으로 나타나면 124㎜ 즉, 위 작은 사진의 원둘레보다 가늘다는 뜻이 된다. 이런 어린이는 심각한 급성영양실조에 걸린 것으로 판단, MSF의 치료급식센터에 입원시켜 치료를 받게 한다.

최상의 도구다. 이 팔찌 덕분에 우리는 한 마을 전체나 난민촌 일부 지역을 하루 이틀에 걸쳐 조사할 수 있다. 영양실조의 영향은 5세 미만의 어린이에게서 빠르게 나타나므로 이들의 영양실조 비율은 전체 공동체의 영양상태를 파악하는 지표가 된다.

아프리카와 아시아의 일부지역에서는 급성영양실조에 걸린 아동의 비율이 5%에 달하기도 한다. 이 비율이 5%를 웃돈다는 것은 전체 인구가 영양실조로 고통받고 있음을 뜻한다. 상황이 이런 경우, MSF 팀은 즉시 영양실조 어린이들을 위한 치료급식센터를 열고 유엔세계식량계획United Nations World Food Program(1961년 유엔이 저개발국에 대한 식량원조와 긴급구호를 위해 창설하였다—옮긴이)이 식량배급에 나서도록 촉구한다.

치료급식센터

급성영양실조가 심각한 수준이라고 판단되면 우리는 치료급식센터로 쓸 커다란 흰색 텐트를 세운다.

간호사들은 5세 미만 어린이들의 몸무게와 키를 잰다. 몸무게와 키의 상관관계가 성장에 필요한 음식물을 충분히 공급받고 있는지 여부를 말해주기 때문이다.

어린이가 입원하면 우유와 설탕, 기름을 섞어 만든 음식물을 하루에 8번 내지 10번 정도 아주 소량만 섭취하게 한다. 어린이의 신체시

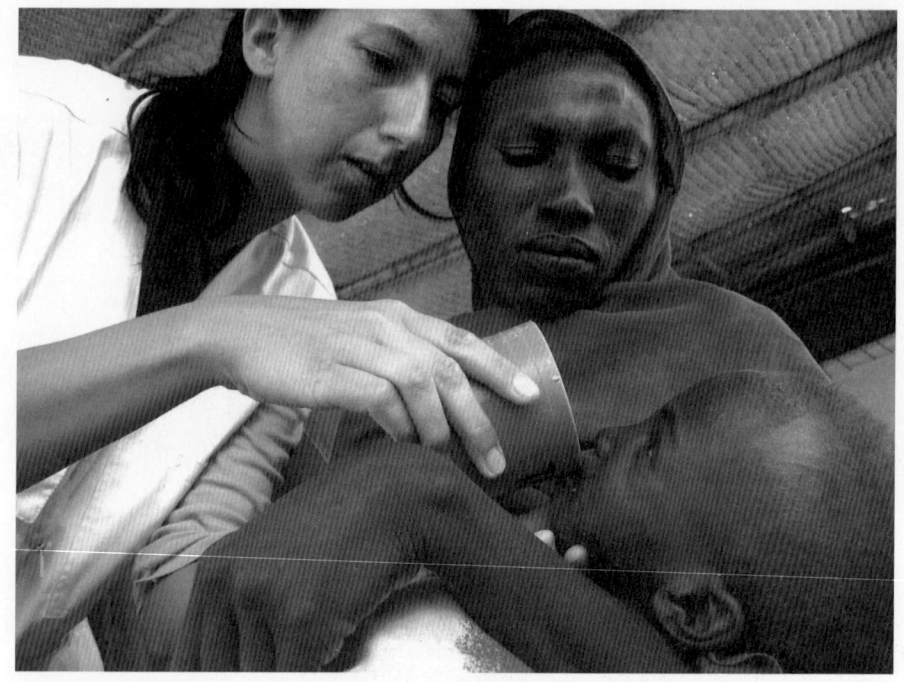

MSF 자원봉사자가 수단의 다르푸르에 있는 이재민 캠프의 치료급식센터에서 한 모자를 돕고 있다.

스템이 매우 약해진 상태이므로 처음 며칠간은 음식물의 섭취량을 제한하는 것이다.

어린이가 식욕을 되찾고 주위에 반응을 보이면 24시간 집중치료에서 일반치료로 전환한다. 음식을 2배로 늘리고 보충 급식프로그램에 참여시켜 아이가 건강을 되찾고 키에 비해 정상적인 몸무게를 갖도록 한다.

엄마와 아기들이 MSF 진료소 밖에서 차례를 기다리고 있다.

모자보건

세계에서 가장 빈곤한 나라에서 임무를 수행하는 MSF 종사자들은 임신한 여성들과 산모들, 그리고 유아들의 죽음을 너무나 빈번하게 목격하게 된다.

선진국에서는 임신 중이나 출산과정에서 산모가 죽는 일은 2,800명 가운데 한 명 꼴로 일어난다. 반면 아프리카에서는 16명 중 한 명이 사망할 만큼 그 비율이 매우 높다. 또 가장 부유한 나라에서의 유아사망률이 1,000명 중 5명 꼴인데 반해, 사하라 사막 이남의 아프리카에서는 그 비율이 20배 이상 높다. 기본적인 의료혜택조차 받지 못할 만큼 가난한 탓에 초래되는 결과다.

모자보건은 MSF의 긴급임무나 장기임무에 있어 필수적인 부분이다. MSF는 진료소를 만들어 여성들의 임신관리, 출산 전후관리, 응급처치, 음식 섭취, 공동체 지원, 보건교육 등을 돕고 있다.

정신보건 상담

MSF가 돌보는 사람들 중 대다수는 죽음과 파괴, 재난으로 인해 정신적인 충격을 받은 상태다. 보통 그들의 육체적인 상처는 정신적·사회적 상처보다 훨씬 빨리 치유된다.

인도주의적 차원의 위기를 겪은 희생자들에게 전문가의 상담이 필요하다고 판단한 MSF는 1991년부터 정신보건전문가를 현장에 보내기 시작했다.

이들 정신보건전문가는 성적으로 학대받은 여성들, 죽음에 내몰렸던 아이들, 자연재해로 인해 가족과 집을 잃은 사람들에게 도움을 주고 있다. 희생자들이 공포를 극복하고 삶을 재건하는 방법을 배우게 되길 간절히 바라며.

치명적인 질병에 대한 치료

전세계에서 30초마다 한 명의 어린이가 말라리아로 죽는다. 결핵은 매년 200만 명의 목숨을 앗아간다. 35만 명이 수면병으로 죽고, 200만 명이 칼라아자르(말라리아성 전염병—옮긴이)에 감염된다. 라틴아메리카에서는 1,500만 명의 사람들이 샤가스병에 감염된다. 이러한 질병들로 사망하는 사람들 중 90% 이상이 세계에서 가장 가난한 나라들에 살고 있다.

MSF는 40여 개국에서 말라리아 퇴치프로그램을 실시하면서 1986년 이후 100만 명의 사람들을 치료해왔다. 앙골라, 우간다, 수단에서는 6만 명 이상의 수면병 환자들을 치료했다.

세계에서 가장 방치되고 있는 질병들

말라리아는 사하라 이남의 아프리카와 같은 열대기후에서 모기가 옮기는 기생충성 질병이다.
결핵은 전염성이 매우 강한 질병으로 기침이나 재채기를 통해 사람에서 사람으로 전염된다. 결핵으로 죽는 인구 중 98% 이상이 아프리카 사람들이다.
수면병은 감염된 체체파리에 물려 발병하는데, 이 파리들은 아프리카 36개국의 식수원에 들끓고 있다.
칼라아자르는 모래파리가 옮기는 기생충성 질병이다. 모래파리는 열대삼림지역, 주로 방글라데시, 인도, 네팔, 수단, 브라질에 서식한다.
샤가스병은 벤추카라는 벌레가 옮긴다. 이 벌레는 체체파리의 일종으로 중남미 21개국에 서식한다.

결핵치료 프로젝트를 실시하는 나라도 17개국에서 32개국까지 늘리고 있다. 그러나 이러한 질병들과 싸우기 위해서는 프로그램과 프로젝트를 확대하는 것만으로 충분치 않다는 것을 우리는 알고 있다. 더 많은 생명을 구하기 위해서는 효과 빠르고 저렴한 약이 절실하다.

MSF는 말라리아, 결핵, 수면병, 샤가스병, 칼라아자르를 세계에서 가장 방치되는 질병으로 꼽고 있다. 대규모 제약회사들은 이들 질병에 대한 신약 개발과 생산에 좀처럼 관심을 기울이지 않는다. 세계에서 가장 가난한 나라에 살고 있는 사람들의 생명을 구하는 사업으로는 큰 수익을 기대할 수 없다는 게 이유다.

2003년, MSF는 대책마련에 들어갔다. 방치되는 질병을 위한 의약품 준비단the Drugs for Neglected Diseases initiative이라는 독립적인 비영리단체를 공동설립하여, 전세계 과학자와 연구원들과 함께 이러한 질병치료를 위한 약품 개발에 나선 것이다.

HIV · AIDS

MSF의 자원봉사자들은 1990년대 초부터 HIV · AIDS 환자들을 치료해왔다. 동시에 이 병이 사망자를 속출하며 엄청난 속도로 전세계로 확산되는 것을 지켜보았다. 2005년 한 해 4,000만 명이 이 병에 감염됐고, 300만 명이 사망했다. 희생자들은 대부분 사하라 사막 이남 지역에 거주했다.

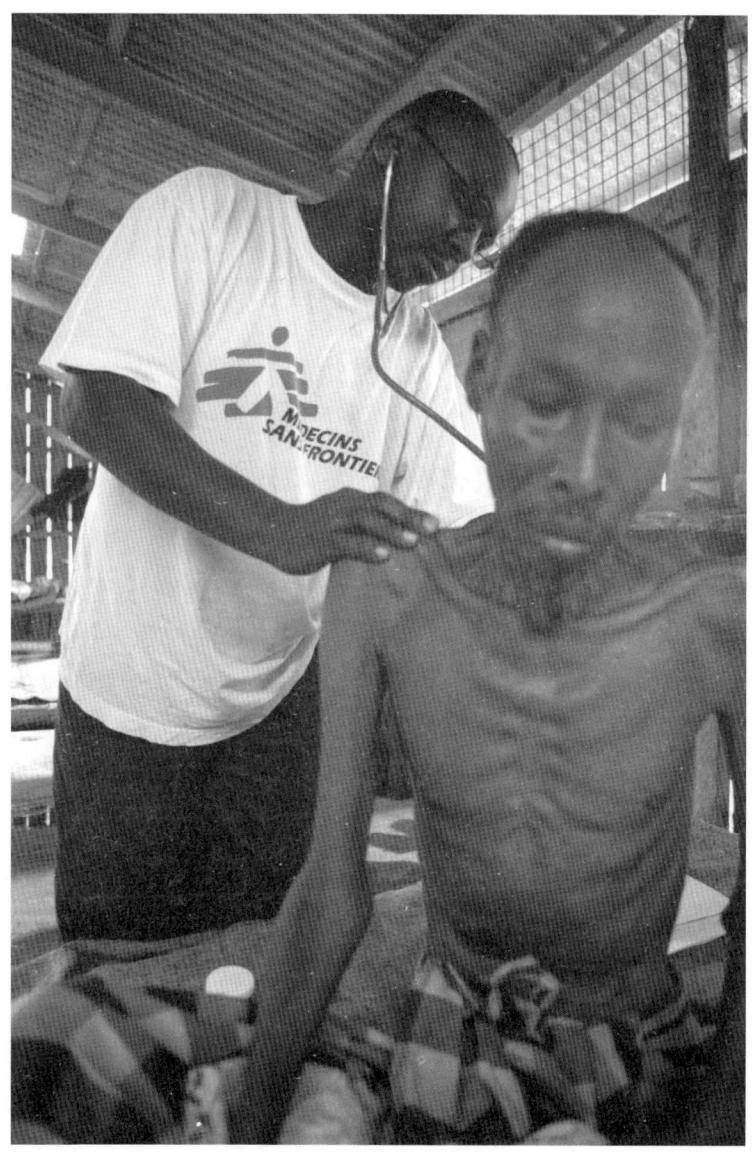

MSF 의사가 케냐에 있는 진료소에서 결핵 의심 환자를 진찰하고 있다.

MSF의 자원봉사자들과 현지직원들에게 있어 그것은 단지 숫자만의 문제가 아니었다. 그들과 매일 얼굴을 맞대고 살아가는 사람들의 현실이었다.

케냐에서 AIDS로 죽어가는 15세 소녀, 출산 중 모체로부터 감염된 잠비아의 20개월 된 사내아기, 남편으로부터 감염된 남아프리카의 임신부, AIDS 때문에 발병한 결핵환자가 가득한 우간다의 병실, 고아가 된 손자들을 기르고 있는 아프리카 모든 지역의 할머니들.

MSF는 치료패키지 방식을 통해 27개국에서 HIV·AIDS와 싸우고 있다. 자원봉사자들은 HIV·AIDS 검사와 치료에 힘을 쏟는 한편, 예방법을 알리고 콘돔을 나눠주며 공동체그룹(HIV 양성반응자들의 모임—옮긴이)을 지원하고 상담을 통해 사람들을 돕는다.

1999년 노벨평화상을 수상한 이후부터 MSF는 제2선에서도 HIV·AIDS와 고군분투하고 있다. 보다 많은 생명을 구하기 위해 더 좋고 값싼 약을 만드는 데 역점을 두기 시작한 것이다.

필수의약품은 모두의 것

1990년대, 크리스토퍼 오우마는 케냐의 수도 나이로비에 있던 우리 진료소의 의사였다. 인근 학교의 한 교사가 AIDS에 걸리자 오우마는 참혹한 딜레마에 직면하게 되었다.

"그 환자는 AIDS 때문에 수막염에 걸렸습니다. 약물치료를 통해 그를 도울 수 있었지만 그러기 위해선 하루에 14달러나 되는 비용이 들었습니다. 2주 만에 저축한 돈이 바닥나자 그는 약을 구하기 위해 재산을 내다 팔기 시작했습니다. 우리는 그에게 그만두라고 충고하고 장례식을 준비하도록 도와야만 했습니다. 나는 의사입니다. 장례식을 돕기보다 환자들을 치료하고 싶습니다."

전세계에서 이런 일들이 비일비재하게 일어나고 있다. 1,700만 명의 사람들이 자신의 목숨을 살려줄지도 모르는 약을 구하지 못해 어이없이 죽어가고 있는 것이다. 이들 대부분은 세계에서 가장 가난한 사람들이며, 약이 없어서가 아니라 약값을 지불할 능력이 없어 고통 속에 죽어간다. 가난한 사람들은 시장의 수익성과는 거리가 멀기 때문에 제약회사들은 생명을 구하는 이들 약품의 가격을 낮추는 데 전혀 성의를 보이지 않는다.

이러한 부도덕한 상황을 가만히 지켜볼 수 없었던 MSF는 1999년, '필수의약품은 모두의 것 Access to Essential Medicines' 이라는 캠페인을 벌였으며, 이때 노벨평화상과 함께 받은 상금을 사용했다. 이 캠페인을 통해 우리는 재계와 정계에까지 힘을 뻗쳐, 자원봉사에 쓰던 에너지의 일부를 기업 및 정부와의 협의와 대중의 인식을 높이는 데 쏟았다. 더 많은 생명을 구할 약을 얻기 위해서였다.

일부는 보다 값싼 AIDS 치료제가 생산될 수 있도록 정계 및 재계 지도자를 상대로 특허법을 바꾸도록 설득하는 데 역량을 기울였다. 또 한쪽에서는 대중자각캠페인을 확대시켜, 가난한 나라의 국민들이 돈이 없어 제대로 된 치료를 받지 못한 채 죽어간다는 사실을 부유한 사람들에게 알리고자 노력했다.

　유명 제약회사들은 기존약품을 높은 가격에 팔아 새로운 약품개발에 투자할 수 있는 자금을 확보해야 한다는 이유로 가격인하가 절대 불가능하다고 반박했다. 그러나 2001년, 인도의 제약회사인 CIPLA가 거대 제약회사들보다 훨씬 저렴한 AIDS 치료제를 생산, 판매하자 거대 제약회사들도 돌연 태도를 바꾸기 시작했다. 몇 개월 내에 환자 1인당 연간 1만 달러를 넘던 AIDS 치료비용이 1천 달러 이하로 떨어졌다. 개발도상국의 경우 현재 그 비용은 140달러에 불과하다.

MSF가 벌인 대중캠페인은 '의약품은 사치품이 아닙니다'라는 슬로건을 내걸었다. 4만 명의 캐나다인들이 당시 총리였던 쟝 크레티앙에게 우편엽서를 보낸 것을 계기로 2003년, 캐나다는 저가의 복제약품(특허권이 소멸된 상표 없는 약품으로 저가에 생산이 가능하다―옮긴이)을 생산하여 가난한 나라에 보내도록 하는 법률을 제안한 첫 번째 국가가 되었다. 하지만 2006년 현재까지 약품은 전혀 전달되지 않고 있다.

덕분에 생명을 보존한 수십만 명의 사람들이 사회의 생산적인 구성원으로 일하고 있으며, 하마터면 고아가 되었을 뻔한 자녀들을 돌볼 수 있게 되었다.

세계에 목소리를 높이다

우리는 임무 수행 중 위험한 내전지역의 한가운데 놓인 유일한 국외자가 되곤 한다. 우리의 역할은 생명을 구하는 의료혜택을 제공하는 것만이 아니다. 현지인들에게 세계가 그들을 잊어버리지 않았다는 사실을 상기시켜줌으로써 사람들에게 희망을 준다. 또한 우리가 돕고 있는 사람들이 참혹하게 학대당하는 것을 목격하는 경우에는 이를 전세계에 알려야만 한다.

언제 그리고 어떻게 알릴 것인가는 절대로 쉬운 결정이 아니다. 검문소의 경비병들에게 국제인도법에 따라 MSF와 같은 중립적 의료기관에게 환자를 진료할 권리가 있음을 상기시키는 일과는 다른 차원이다. 민간인을 공격하고 국제인도법을 위반하는 참혹한 범죄를 저지르는 군인들을 공개적으로 비난하는 일은 훨씬 더 어려울 수밖에 없다.

우리는 인권침해를 고발하는 데 따르는 위험을 잘 알고 있다. 반군이나 다른 분쟁 당사자들의 잔학함을 비난할 경우, 그들은 우리가 돕고자 하는 사람들과의 접촉을 막을 수도 있다.

종종 우리는 정치 지도자들에게 우리 환자들과 죄 없는 민간인들에

국제인도법 International Humanitarian Law

국제인도법은 전쟁 중의 규칙을 포괄한다. 1949년 스위스의 제네바에서 체결된 이후 '제네바협정'으로 불리게 된 이 협정은 분쟁의 당사자가 아닌 사람들을 보호하고, 전쟁의 수단을 제한하기 위해 마련되었다. 전쟁이 격화되면 이런 규칙들은 종종 위반된다.

국제인도법에서 주요한 몇 가지 조항은 다음과 같다.

- 전쟁의 표적이 되서는 안 되는 민간인들을 보호한다.
- 민간인들에게 인도주의적 구호가 허용되어야 한다.
- 인도주의 봉사자들이 보호받도록 한다.
- 불필요한 무력사용을 하지 말아야 한다.

대한 폭력을 중지시켜줄 것을 촉구한다. 때로는 다른 구호단체들에게 우리를 도와달라고 호소한다. 유엔이 책무를 다하도록 하기 위해 목소리를 높일 때도 있다.

근본적인 이유는 언제나 똑같다. 생명을 구하는 것이 세계시민으로서의 우리의 책임이기 때문이다. 다른 사람들이 보지 못하는 것을 우리는 보고 있기에 그것을 알려야 할 책임 또한 우리에게 있다.

체첸공화국에서

2000년, MSF는 체첸공화국에서 자원봉사자들이 목격한 러시아 군대의 잔학함을 고발하는 보고서를 제출했다. 여기에는 테러와 극단적 폭력이 난무하는 상황이 상세하게 묘사되어 있었다.

이 보고서를 통해 MSF는 서방의 여러 나라들이 러시아를 압박하여 해명을 하도록 할 것을 요청했다. 그러나 서방 정부들은 어떤 조치도 취하지 않았고, 이후 18개월 내에 우리 자원봉사자들 중 2명이 납치되었다. 그들은 결국 풀려났지만 체첸측의 메시지는 분명했다. 우리는 사면초가에 빠진 체첸 사람들을 위해 더 이상 자원봉사자들을 보낼 수 없었다. 우리의 고발은 효과가 없었다.

다르푸르에서

서부 수단의 다르푸르에서 일어난 내전은 21세기 들어 가장 참혹한 사태를 불러왔다. 차드에서 임무를 수행하던 우리 자원봉사자들은 수만 명의 사람들이 수단-차드 국경을 넘고 있다는 소문을 듣고서야 심상치 않은 일이 벌어지고 있다는 것을 처음 알았다.

현지를 다녀온 답사팀들은 다르푸르에서 끔찍한 폭력이 난무하고 있으며, 마을이 모두 불타고 어린이들이 심각한 영양실조를 앓고 있다는 소식을 전해왔다. 우리는 2003년 차드-수단 국경에 자원봉사자들을 파견해 이내 20만 명 이상으로 불어난 난민들에게 의료구호를 펼쳤다.

그러나 다른 기관들은 오지 않았다. 우리에 비해 정부자금에 대한 의존도가 높은 기관들은 정부가 자금을 승인해주기 전까지는 일을 시작할 수 없었다. 그러나 각국의 정부들은 뉴스에도 나오지 않는 다르푸르를 굳이 도울 생각이 없는 듯했다.

우리는 가능한 모든 언론인과 접촉하여 그들을 차드에 초청했다. 수단 정부의 방해로 우리로서는 다르푸르에 들어갈 방법이 없었기 때문이다.

기자들은 차드 난민촌의 참혹한 상황을 목격했다. 다르푸르의 마을이 전부 파괴되고, 남자들과 사내아이들이 살해당하고, 여자들과 계집아이들이 강간당하고 있다는 비극적인 이야기도 전해 들었다. 기자들이 쓴 기사는 마침내 여론을 움직였다. 곧이어 각국 정부는 난민들을 도울 수 있도록 유엔과 국제구호기관에 기금을 보내기 시작했다.

다르푸르 사태에 전세계의 이목이 쏠리자 수단 정부도 다르푸르에 가고자 하는 구호기관들을 더 이상 막지 못했다. 얼마 안 가 다르푸르 지역사람들은 MSF뿐만 아니라 다른 인도주의 기관들의 도움을 받을 수 있게 되었다. 수많은 국제자원봉사자들이 현지에 진을 치자 군인들도 민간인들에 대한 잔학행위를 더 이상 할 수 없었다.

그러나 분쟁은 지금도 끝나지 않았다. 난민촌에서 살고 있는 그들은 안전하게 고향으로 돌아갈 수 있을 거라고 기대하지 않는다.

우리의 한계는 명확하다. 생명을 구하기 위해 노력할 수는 있지만 싸움을 끝내고 다르푸르 사람들이 원하는 진정한 평화를 가져오는 건 군인과 그들의 실권자들의 몫이다.

전세계의 자원봉사자들

다음 나라들은 MSF가 2005년에 자원봉사자들을 파견한 나라들 중 단지 일부분에 지나지 않는다.

분쟁지역
 부룬디
 콜롬비아
 아이티
 소말리아
 수단

난민과 이재민 수용소
 차드
 미얀마
 시에라리온
 태국
 우간다

자연재해
 인도
 인도네시아
 파키스탄
 스리랑카

HIV · AIDS
 아르메니아
 중국
 과테말라
 온두라스
 니제르
 페루
 남아프리카공화국
 잠비아

 짐바브웨

질병과 전염병
 앙골라
 볼리비아
 부르키나파소
 그루지야
 기니
 나이지리아
 콩고공화국

시에라리온	부룬디	러시아 연방
탄자니아	에디오피아	
	아이보리코스트	
기초보건	라이베리아	
앙골라	콩고공화국	

구호기관들의 협력

구호현장에 따라서는 우리가 파견된 유일한 기관일 때도 있지만 그 밖에 많은 기관들이 현장에 도착하는 경우도 있다. 현장에 우리밖에 없을 때는 의료행위 말고도 많은 일들을 해야 한다. 임시숙소용 플라스틱 판자를 나눠주거나 급수시스템을 만들고 식량을 나눠주는 일 등이 그것이다. 그러나 보통은 다른 기관들이 잇달아 현장에 도착한다.

난민촌의 운영을 맡고 있는 유엔난민고등판무관실(1949년에 설치된 유엔 부속기구로서 난민들이 체류 중인 나라의 국적을 획득할 때까지 이들을 정치적·법적으로 보호한다—옮긴이)은 식량과 생활필수품을 배급받는 데 필요한 신분증을 나눠준다. 적십자의 주요역할은 헤어진 가족을 찾아주는 일이다. CARE(1945년 미국에서 설립된 대외원조기관—옮긴이)나 OXFAM(1942년 영국에서 설립된 국제난민구호단체—옮긴이)이 참여하는 경우에는 주로 급수나 위생, 주거문제에 관련된 봉사를 맡는다. 한편 아동보호나 교육에 관한 문제는 세이브더칠드런(1919년 설립된 아동구호기금—옮긴이)의 몫이다.

위기사태가 계속되면 더 많은 기관들이 현장을 찾아온다. 서로의 활동을 조율하기 위해 많은 회의를 거쳐야 할 때도 있지만, 회의를 쫓아다니는 일을 우리가 딱히 좋아하는 건 아니다. CNN에서 다룰 정도의 큰 재난이 발생한 경우도 그러하다. 중앙아메리카에 허리케인 미치가, 동남아에 쓰나미가 휩쓸고 간 뒤에도 수많은 기관들이 현장에 도착했다. 이런 상황에서는 보통 다른 의료구호단체들에게 우리의 일을 넘겨주고, 고립되었거나 도움이 절실하나 사람들이 잊고 있는 곳을 찾아 우리의 자원봉사자와 지금을 보낸다.

방글라데시에서의 임무

토론토 출신의 MSF 자원봉사자인 클레아 칸은 2003년, 방글라데시에 있는 나야파라 난민캠프에서 사업조정관으로 일했다. 이 글은 그녀의 일기에서 발췌한 것이다.

나야파라 난민촌은 10여 년 전부터 버마에서 피난 온 1만 3,500명의 로힝야 회교도(불교가 국교인 미얀마에서 종교적·정치적으로 박해받고 있는 미얀마의 소수민족—옮긴이)의 고향이 되어왔다.

나 같으면 일주일도 못 버틸 열악한 이곳에서 사람들은 푹푹 찌고 비가 오면 물까지 새는 비좁은 거주지에서 살아가고 있다. 최근에 방문한 한 가족만 하더라도 12명이나 되는 식구가 비가 새는 좁은 집에 담요를 걸어 방으로 사용하고 있었다.

이곳 사람들은 대부분 하루 10리터의 물로 힘겹게 살아간다. 캠프 주변의 수도에서 아침 2시간, 저녁 2시간 동안만 받을 수 있는 물이다. 2주마다 배급받는 식량은 쌀, 콩, 기름, 설탕, 소금, 그리고 혼합식(콩, 밀가루, 설탕, 비타민 첨가제로 만들어진 가루)이 전부다. 매일 이것만 먹으며 10년 동안 살아야 한다고 생각해보라.

목욕비누의 경우 가구당 매달 하나씩 주어진다. 가족 수는 상관없다. 아까 얘기한 가족처럼 식구가 12명이라면? 그래도 비누는 하나밖에 얻을 수 없다.

사실 그들에게 있어 가장 큰 어려움은 공포와 긴장이다. 이곳의 난

나야파라 난민캠프

민들은 미얀마로 송환 중에 있다. 하지만 그들 상당수는 돌아가기를 두려워하고 있다. 난민들이 강압에 못 이겨 송환에 동의한다는 소문도 들린다. 유엔난민고등판무관실이 이들을 보호해야 하지만 유엔측 사람들도 이 캠프가 폐쇄되기를 바라기 때문에 최선을 다하지는 않는다.

결국 유엔난민고등판무관실에 도움을 청하는 것이 안전하지 않다고 생각한 난민들이 우리를 찾아오면서, 강압과 학대에 대한 모든 고충을 우리가 듣고 있다. 그들을 안심시켜 다음 절차로 보내는 것은 내 업무의 일부다. 이렇게 고군분투하는 것이 효과가 있을지는 의문이지만(게다가 과거 MSF 자원봉사자들이 매사에 너무 나선다는 이유로 이 나라에서 추방된 적이 있기 때문에 신중을 기하지 않으면 안 된다), 우리가 이곳에 없다면 상황은 틀림없이 훨씬 더 나빠질 것이다.

내가 하는 다른 일들, 가령 외래 및 입원병동과 급식센터에서 시간을 보내는 시간은 훨씬 더 즐겁다. 유일한 비의료 팀원인 나는 다른 사람의 생명을 구할 수는 없지만 마루 몇 개와 낡은 침대들을 그럭저럭 수리하고, 그밖에도 이곳을 좀더 견딜 만한 곳으로 만들기 위한 작은 변화들을 만들어내고 있다.

나는 매주 식량배급소를 찾아가 난민들이 배급을 제대로 받는지 확인한다. 쌀의 질을 검사하고(쌀은 괜찮아 보인다) 콩에 벌레가 생겼는지 확인하기 위해, 혹은 비누의 무게를 재보기 위해 배급을 중단시킨다는 것이 유별나다 싶을 수도 있겠지만 이런 검사는 확실히 효과가 있다. 목욕비누 무게가 10그램 부족한 것을 적발한 경우 공급업자를 그 자리에서 닦달할 수 있을 뿐 아니라, 난민들의 사기에도 도움이 된다. 누군가 그들을 실제로 보살피고 있다는 것을 증명해주기 때문이다.

라이베리아에서의 임무

조 벨리보는 콜로라도 출신의 자원봉사자로, 2003년 내전을 치르고 있던 라이베리아에서 사업조정관으로 일했다. 이 글은 그가 집으로 보낸 이메일 중 일부를 발췌한 것이다.

우리는 마약과 총을 가진 어린 군인들에게 천천히, 그리고 아주 조

MSF 직원들이 2003년 라이베리아의 몬로비아에서 반군의 공격으로 부상당한 어린이를 진료소로 급히 이송하고 있다.

심스럽게 다가갔다. 그런 다음 거의 자동적으로 창문을 내리고 선글라스를 벗었다. 빨강과 검정으로 이루어진 MSF 로고가 우리 차량은 물론 깃발에서도 선명히 드러나 있었다. 지난 3월 전쟁이 확대된 이후 우리는 이 지역에 처음 발을 들여놓은 국제방문단 가운데 하나였다. 하지만 그들은 우리가 인도주의 단체임을 한눈에 알아볼 수 있을 터였다. 따라서 검문을 위해 길을 막긴 하겠지만, 실제로는 친절한 말 몇 마디면 그런 절차를 가볍게 넘어갈 수도 있다는 것을 우리는 알고 있었다.

"안녕하세요? 이 문 좀 열어주시겠어요?"

보통은 이런 식의 부탁이면 충분하다. 그러면 AK-47을 어깨에 맨 어린 군인이 대나무 차단봉을 올려주거나 쇠사슬을 내려준다. 하지만 가끔 마약이나 사탕수수 주스에 취해 호기심을 감추지 않고 대담하게 구는 경우도 있다.

"우리 건 엄나(우리에게 줄 게 없나요)?"

"아무것도 없어요, 친구. 문을 열어주세요."

그러나 그들은 쉽게 포기하지 않는다. 3명이 우리 랜드크루저로 다가와 이리저리 짐을 살핀다.

"우리 배고파(우린 배고파요)."

그들 가운데 한 사람이 말했다.

"신사분들, 우리는 진료소와 병원을 지원하러 가는 의료단체의 일원입니다. 제발 길을 열어주세요."

두 사람은 차를 샅샅이 살펴본 뒤 발길을 돌렸지만, 15세 이상으로는 안 보이는 세 번째 군인은 크게 실망했는지 우리 운전사에게 알아들을 수 없는 영어를 쏟아내기 시작했다. 몇 분간 그렇게 대화가 오고간 뒤 그 어린 군인은 문을 열라고 동료에게 신호를 보냈고, 그제서야 우리는 길을 계속 갈 수 있었다.

"그가 뭘 원하는 거죠?"

라이베리아인 운전사인 윈스턴에게 물었다.

"엄마를 찾아달라고 하더군요."

그로부터 3주 뒤, 우리가 막 지원을 시작한 라이베리아 북동부의 병원에 10대 소년이 이송됐다. 사고로 얼굴에 총상을 입은 환자였다. 턱 밑에 총을 괴고 앉아 있었는데, 어찌된 일인지 그만 방아쇠가 당겨진 것이다. 총알이 그의 턱 밑을 뚫고 눈구멍으로 빠져나오면서 볼

이 갈가리 찢어지고 안구 대부분이 소실되었다. 아직 외과수술을 위한 시설을 갖추지 못한 우리로서는 할 수 있는 일이 별로 없었다. 다만 환자를 가까이서 지켜보는 동안 그와 조금은 가까워질 수 있었다.

모지즈는 착하고 용감하고 똑똑했지만 아직 어린 소년에 불과했다. 처음에는 자신이 24세라고 우겼지만 며칠이 지나자 14세라고 고백했다. 우리는 모지즈를 몬로비아에 이송하여 그곳 적십자에서 몇 가지 기본적인 수술을 받도록 했다. 예전의 얼굴을 되찾게 해줄 성형수술까지 바랄 순 없었지만 적어도 목숨이 위태로운 단계는 모면할 수 있을 터였다.

이송하는 날이 다가오자 모지즈는 한 가지 청을 했다. 그는 자신의 가족이 몬로비아로 가는 국도 어딘가의 난민촌에 있다는 소식을 들었다고 했다. 가는 길에 그곳에 들러볼 수 있을까요? 그는 자신과 함께, 싸울 수 있는 나이의 모든 남자들이 강제로 징집당했던 4월 이후로 가족들을 만나지 못했다고 했다.

우리는 그를 도울 수 있어서 기뻤다. 모지즈의 가족이 어디에 있는지 알아내는 일은 어렵지 않았다. 유엔의 피난민서비스가 캠프를 아주 조직적으로 운영한 덕분이었다. 모지즈와 상봉한 누나는 놀라서 정신을 잃었다. 어머니는 아들 앞에 무릎을 꿇고 울었다.

그날 늦게 모지즈는 몬로비아에 도착해 우리 현지직원들에게 인계되었다. 그 중에는 검문소에서 엄마를 찾아달라고 했던 소년 모지즈를 한눈에 알아본 윈스턴도 있었다. 일이 여러 모로 얽히긴 했지만 우리는 그의 부탁을 들어준 셈이 됐다.

모잠비크에서의 임무

2000년에 나는 큰 홍수로 막대한 피해를 입은 모잠비크에 파견된 MSF 물류팀과 함께 일하고 있었다. 이 글은 내 일기에서 발췌한 것이다.

날씨는 이제 따뜻하고 건조하다. 림포포 강의 범람지역을 완전히 파괴했던 홍수는 아득히 먼 기억이 된 것만 같다.

우리 텐트 앞으로 난 길에는 일상에 쫓긴 사람들이 분주하게 오가고 있다. 휘파람을 불며 2마리의 커다란 소와 양떼를 몰고 가는 소년과 땔감으로 쓸 나뭇짐을 들고 가는 여자들도 보인다.

6주 전, 이곳 체크레인 마을에는 거의 아무도 살고 있지 않았다. 그러나 림포포강이 범람하여 제방을 넘자 계곡지대에 있던 사람들이 높은 지대를 찾아 도망쳤다. 이때 초크웨 주민들이 집에서 40킬로나 떨어진 이곳까지 피해 오면서 지금 이곳 체크레인에는 8만 명의 사람들이 지내고 있다.

첫 번째 구호물품이 도착하자 텐트의 도시가 세워졌다. 처음 이곳에 온 사람이라면 그저 정신 없는 풍경으로만 비칠 것이다. 그러나 여기에는 분명 질서가 있다. 초크웨 시 전체가 옮겨오면서 교사, 간호사, 종교지도자, 농부, 그리고 시당국자들이 가능한 한 캠프를 조직적으로 만든 덕분이다. 북적거리는 시장은 물론이고 커다란 녹색 텐트 아래 시청과 수많은 교회 텐트도 있다.

캠프 한구석 나무 그늘에는 우리의 치료급식센터가 위치하고 있

체크레인 마을의 한 수용소에서 사람들이 쉬고 있다. 수천 명의 사람들이 림포포 강의 범람으로 집을 버리고 도망쳐야 했다.

다. 이곳에는 4개의 텐트와 영양보충식을 준비하는 임시주방, 그리고 외국인과 현지인, 의사와 간호사가 함께 일하는 의료팀이 영양실조 어린이들을 위해 최선을 다하고 있다.

의료조정관인 에스텔라 페레즈는 매우 활기찬 사람이다. 그녀는 엄마들과 함께 웃고 떠들며 그들을 설득하기도 하고 가르치기도 하면서 아이들의 건강을 회복시키는 방법을 알려준다. 진료실로 쓰는 작고 흰 텐트에서는 아이들의 몸무게를 재고 병력을 확인하고 필요한 식이요법을 처방한다. 에스텔라는 진찰을 받으러 온 엄마와 아이들 한 사람 한 사람에게 최선을 다한다.

"어머, 얘 좀 봐. 이제 토실토실 살이 오르네."

에스텔라는 아이의 엄마에게 몸을 돌려 환하게 웃는다.

"어머니, 잘했어요. 아기가 좋아지고 있네요."

그러나 운이 좋지 못한 사람들도 있다.

"어쩌지, 이 아기는 어려울 것 같아."

그녀는 탄식하며 아기 엄마를 돌아본다.

"제발 이 아기에게는 이틀 동안 이 음식만 주세요. 그 이상은 절대로 안 돼요."

그리고는 조용히 중얼거린다.

"정말 견디기 힘든 곳이야."

밤이 오면 발전기가 달달거리며 돌아간다. 흰 텐트 안에서 에스텔라와 의료팀이 진료를 계속하고 있는 동안 남자들은 전선을 텐트 안 전구에 연결하여 잠든 아이들이 밟히지 않도록 한다.

 우리는 삐딱한 임시주방에 앉아 내일의 계획을 세운다. 치료급식센터에서는 70명이 여전히 통원치료를 받고 있지만 심각한 환자는 8명으로 줄었다.

 "이들을 위해 뭐든 해야 해요."

 폴라가 말을 이었다.

 "그들이 견뎌낸다면 회복될 것이고, 아니라면……."

텐트 밖에선 아프리카의 밤하늘을 수놓은 별들이 만져질 듯 가까이 빛나고 있다. 캠프에서 노래가 시작되면 아이들의 목소리가 아름다운 아프리카의 하모니에 실려 들려오고 음악과 북소리, 저녁 짓는 나무연기 냄새가 캠프를 떠돈다.

내일은 다시 시작될 것이다. 더 많은 어린이들이 센터를 찾아오고 멀리 초크웨에서 복구작업이 계속될 것이다. 바라건대 이곳 체크레인 캠프의 사람들이 하루빨리 집으로 돌아갔으면 좋겠다.

| 2부 |

현장의 일기

임무를 수행하기 위해 현장에 있을 때 나는 하루하루를 마감하며 일기장을 펼치고는 우리의 일이 어떻게 되어가고 있는지, 환자들의 상태는 어떠한지, 무엇을 보고 또 어떻게 느꼈는지를 적곤 했다.

다음 3개 장은 엘살바도르, 콩고, 잠비아에서 썼던 내 일기에서 발췌한 글들이다. 엘살바도르에서는 지진의 여파 속에서 긴급상황에 대한 대비가 잘 되어 있는지 평가하는 임무를 수행했다. 2004년 콩고에서는 내전이 수그러들면서 지원을 요청하는 활동의 책임자로 일했다. 잠비아에서는 깊은 오지에서 실시된 AIDS 프로젝트를 평가하는 작업을 진행한 바 있다.

페케냐 잉글라테라(엘살바도르)

| 4장 |

엘살바도르 지진

엘살바도르, 지진이 일어난 후

2001년 1월 25일

아침이다. 산살바도르에 있는 MSF 회관에서 팀이 소집된다. 지원자들은 중앙아메리카 도처에서 왔다. 과테말라의 AIDS 프로젝트, 온두라스의 급수 프로젝트, 코스타리카에 있는 긴급준비사무소 등에서 활동하던 자원봉사자들은 물론이고, 이번 지진을 접한 뒤 새로이 지원한 사람들도 있다.

그들은 오늘 할 일을 계획한다. 누가 아르메니아에 갈 것인가? 가장 심하게 파괴된 도시 중 하나인 그곳 병원에서 콜레라센터 개설을 지원하는 일이 우리의 몫이다. 산타테클라와 인근 마을에서 온 7천 명의 이재민이 있는 카페탈론(산타테클라에 있는 스포츠센터—옮긴이)에는 누가 가서 정신보건 및 급수 프로그램을 실시할 것인가? 이재민들은 지금 축구장에서 지내고 있다. 상황이 변하지 않는다면 앞으로도 상당 기간 그곳에 있어야 한다.

파리의 MSF 연구소인 에피센터에서 온 빈센트 브라운이 이 나라의 설사와 호흡기질환에 대한 자료를 보여주며, 우리가 어떻게 다음 계획을 세워야 하는지 설명한다.

그러고 난 뒤 우리는 아르메니아로 떠난다. 아르메니아는 산살바도르에서 불과 40분 거리에 있다. 그러나 지금 그곳은 다른 행성이나 다를 바 없다. 맥도날드와 피자헛, 자동차 대리점으로 북적이는 산살바도르의 대로는 라틴아메리카 나라들의 여느 수도와 다르지 않다.

지진이 일어나기 전이라면 아르메니아도 다른 지방의 소도시처럼 보였을 것이다. 교회와 단층벽돌 건물들이 늘어선, 나른하도록 조용한 중앙광장…….

그러나 지금 그곳은 방금 폭격을 맞은 듯하다. 거리에는 어디나 부서진 돌들이 굴러다닌다. 주택가마다 집이 사라진 자리에 벽돌과 모르타르, 목재, 양철조각 무더기가 생겨났다. 종종 부서진 탁자와 침대도 눈에 띈다. 이런 잿더미를 보고는 이곳이 한때 삶으로 충만했던 마을이었음을 상상조차 할 수 없을 것이다. 그것들은 항상 그 자리에 있던 쓸모없는 돌무더기처럼 보인다. 거리를 지나고 또 지나도 파괴의 현장은 계속된다.

처음 겉으로 봤던 것보다 파괴된 정도가 훨씬 심각하다. 많은 집들이 앞부분은 아직 서 있지만 그 뒤는 완전히 무너져 잡석더미밖에 남지 않았다. 거리에서 플라스틱 판자를 덮고 자는 사람들도 많다. 가장 기초적인 복구를 하는 데만 200만 장의 함석이 필요하다고 한다. 엘살바도르에서 함석을 만드는 가장 큰 제조업체가 1년에 10만 장을 생산하는 걸 감안할 때, 이 많은 사람들이 다시 집을 가지려면 도대체 얼마나 시간이 걸려야 할까?

책꽂이 하나가 돌더미 앞에 세워진 작은 녹색 텐트 밖으로 삐져나와 있다. 학생이 살고 있으리라. 또 다른 거리 아래쪽에서는 관 주위에 조문객들이 앉아 있다. 그들은 플라스틱 판자에 끈을 묶어 세운 차양 그늘이 만든 푸른빛에 젖어 있다. 중년 남자 한 사람이 집이 무너진 곳에서 큰 돌덩어리를 날라 거리로 내던진다. 곁에는 세발자전거를 고치려 애쓰고 있는 손자가 보인다. 어딜 가나 아름다운 붉은 빛, 자줏빛, 흰색 분꽃이 돌더미 사이에 무심하게 피어 있다. 수많은 집을 폐허로 만든 이토록 파괴적인 힘을 나는 상상조차 할 수 없다.

일부 사람들은 임시수용소에 살고 있다. MSF가 산마르틴에서 물을 공급하고 있다.

벨기에에서 MSF에 지원한 클로딘은 말한다.

"모두가 천막을 만들었습니다. 유니세프와 ACF(1979년에 프랑스의 의사와 과학자, 작가들이 저개발국의 기아 퇴치를 목적으로 만든 구호단체—옮긴이)도 함께 했지요."

MSF는 시내에 있는 이곳 진료소의 일을 돕고 있다. 우리는 차고를 개조해서 설사를 치료하기 위한 소규모 진료소를 만들려고 한다. 온두라스에서 응급보급품을 이곳까지 실어 온 프랑스 출신의 엔지니어 피에르는 엘살바도르인 의료직원들과 함께 진료소를 어떻게 꾸밀지 의논한다.

"플라스틱 판자로 벽을 만들고 남녀구역도 따로 구분할 겁니다. 저수지를 오염시키지 않도록 배수관도 만들어야겠지요. 저기에는 끈을 매달아서 탈수완화 수액백을 걸 수 있도록 합시다."

그들은 노트북에 대략적인 도면을 그린다.

"배수관을 만들 콘크리트는 있나요?"

누군가 묻자 피에르가 대답한다.

"산살바도르에 있어요. 내일 아침에 가져오면 토요일까지는 끝낼 수 있습니다."

한 보건공무원이 클로딘을 찾아와 뎅기열(바이러스에 의한 열병의 일종으로 주로 모기가 옮긴다―옮긴이)이 발생할 위험이 있는 지역의 연막소독을 도와달라고 한다.

"지난 가을 이곳에서 뎅기열 캠페인을 하면서 지역보건 관계자들을 훈련시켰습니다. 그들이 징후를 발견하고 주도적으로 우리에게 도움을 요청하게 되었으니 잘된 일이죠."

이제 우리는 산타테클라로 간다. 진흙사태로 고통받는 이 도시는 TV 화면을 통해 전세계에 방영된 바 있다. 이재민들은 현재 축구장에서 살고 있다.

피에르가 말한다.

"지난 주 월요일에 도착했을 때 사람들은 모두 임시숙소에서 지내고 있었습니다. 우리는 저수조로 급수시설을 만드는 한편 온두라스에서 가져온 생활필수품을 나누어주었습니다. 텐트는 적십자가 가져왔죠. 하지만 당장 위생시설을 만들지 않으면 미처 손 쓸 틈도 없이 콜레라가 사람들의 목숨을 앗아갈 겁니다."

이틀 뒤, 각종 위생구역과 배수로와 급수시설, 텐트를 갖춘 콜레라 센터가 축구장 옆 농구장에 들어섰다. 간이화장실과 세탁장도 이제는 7천 명 이상의 집이 된 축구장 주변을 따라 여러 곳에 세워졌다.

MSF는 임시진료소를 만들어 경구용 탈수완화액을 나눠주고 정신보건 프로그램을 운영하며 대재난으로 인한 정신적 상처를 치료하고자 노력하고 있다. 현재까지는 단지 한 명의 콜레라 의심 환자가 있을 뿐이다.

피에르가 아직 비어 있는 콜레라센터를 둘러보며 말한다.

"만약 정말로 운이 좋으면 이곳을 사용할 필요가 없겠지요. 우리가 신속히 움직였기 때문에 콜레라가 발생하지 않을지도 모릅니다. 엘살바도르에서 지진이 발생한 1986년에도 사람들이 6개월 동안이나 이런 텐트에서 살아야 했어요. 그러니까 이곳을 만들어둔 건 잘한 일이죠. 만일 콜레라가 발생하지 않는다면 학교나 공동체회관 같은 용도로 사용할 수 있을 겁니다."

정말 대단한 것은 이 모든 자재들이 재활용된다는 점이다. 텐트와 플라스틱 판자, 목재들은 이번 위기가 수습되면 모두 다시 수거해 긴급상황이 발생할 때를 대비해 보관할 것이다.

피에르가 말을 이었다.

"기초위생이 아주 중요합니다. 우리 응급물품세트에는 비누와 수건, 세제, 접시, 식기까지 들어 있습니다. 이런 것들은 건강을 지키는 데 도움이 되죠."

하루 일을 끝낸 사람들이 산살바도르에 있는 MSF 사무소로 돌아온다. 무더운 날이어서 모두들 먼지와 땀으로 뒤범벅이다. 한 방에서는 급수 및 위생 담당자들이 간이화장실을 설계하고 있다. 또 다른 방에서는 인근지역의 위생통계를 놓고 그곳에서 할 일이 없는지 의논 중이다. 정신보건팀은 오늘 하루 업무에 대한 보고를 조용히 듣고 있다. 해가 지고 기온이 내려가고 있다.

* * *

지옥으로 가는 길이 있다면 코마사과로 이어지리라. 전에 본 어떤 광경도 코마사과의 참상과는 비교되지 않는다.

가파른 절벽이 지진으로 무너지면서 거대한 돌과 나무와 전신주를 집어삼켰다. 그것들은 다시 상상을 초월한 힘으로 불안한 산비탈에 살던 갈 곳 없는 사람들의 초라한 집을 덮쳤다. 15킬로미터에 이르는 붕괴현장. 얼마나 많은 사람들이 이 산사태 아래 묻혀 있는지는 아무도 모른다.

차는 먼지 소용돌이 속에서 수 킬로미터를 달린다. 의료프로그램 등 여러 가지 할 일을 얘기하던 우리는 주변의 상황을 보며 점차 할말을 잊는다. 뭉개진 양철지붕, 발기발기 찢긴 판지, 나무기둥, 침대, 아이들 옷가지, 접시, 부서진 의자 등 파괴된 가옥의 잔해가 길을 따라 늘어서 있다. 산기슭으로 나 있던 위험한 커브길에서는 거대한 흙더미가 13가구를 덮쳐 몰살시켰다. 불과 2주 전만 해도 이곳에 여러 채의 집이 있고 사람들이 일상을 꾸려갔다는 사실을 믿기 어렵다. 지금 이곳은 거대한 노천광산처럼 보인다.

이곳에는 어떤 색깔도 없다. 갈색의 먼지가 모든 것을 뒤덮었다. 분꽃도 갈색이고 나뭇잎도 갈색이다. 길을 걸으면 먼지 속으로 발이 빠진다. 마치 방금 내린 갈색 눈으로 덮인 들판을 걷는 것 같다. 다만 눈과 달리 먼지는 모든 것 속으로, 머리카락, 눈, 옷 속으로 파고든다. 발자국은 우리가 걸어온 흔적을 보여준다. 마치 우주인이 달에 남긴 발자국 같다.

그러나 우리는 달에 있는 것이 아니다. 여기 지구에 있다. 사실, 코마사과는 캐나다의 일부 지역들보다 토론토의 우리집에서 더 가깝다. 우리는 그렇게 멀리 있는 것이 아니다.

코마사과에는 1만 2천 명의 사람들이 살고 있다. 그 가운데 9천 명이 이번 지진으로 집을 잃었다. 생존자들은 거리 혹은 나무나 플라스틱 판자로 만든 작은 임시숙소에서 살고 있다. 드물게 남은 평지에는 이재민수용소가 세워지고 있다. 하나는 도시 외곽의 커피 농장에, 하나는 축구장에. 그러나 코마사과 사람들은 그곳에 가야 할지 망설인다. 그들은 다 무너지고 술에 취한 듯 기울어진 벽만 남았을지언정 최대한 집 가까이에 머물고 싶어한다.

교회 두 곳과 시청, 보건소도 모두 파괴되었다. 우리는 의사와 간호사들이 환자를 돌볼 수 있도록 무너진 진료소 앞에 텐트를 세울 것이다.

"이곳 사람들은 낙관적이에요."

엘살바도르인 동료가 내게 말한다. 이번 지진을 극복하려면 이들의 낙관주의가 절대적으로 필요할 것 같다.

코마사과를 다시 방문하다

18개월 전, 이곳 엘살바도르에 지진이 일어난 지 며칠 뒤 나는 진흙으로 뒤덮여 완전히 파괴된 코마사과에 있었다. 실로 끔찍한 광경이었다. 소용돌이치는 먼지, 돌더미가 된 집들, 사방에 널린 깨진 접시……. 모든 것을 미세한 갈색 먼지가 뒤덮은 가운데 생존자들은 충격과 슬픔에 휩싸여 지쳐 있었다.

오늘 나는 이곳에 돌아와 부활을 보았다. 엘살바도르의 이 소도시는 다시 살아나고 있었다. 분꽃이 만발했다. 짙은 초록 잎사귀 사이로 아름답게 빛나는 자주색, 붉은색 꽃들은 수 개월 전에 보았던, 먼지를 뒤집어쓴 슬픈 갈색 식물이 아니다.

코마사과의 중앙광장. 함석으로 만든 임시숙소에 살던 지진의 생존자들은 이제 그곳에 없다. 중앙아메리카 도시의 여느 광장들처럼 평범한 모습을 되찾았다. 거대한 돌무더기들은 말끔히 치워지고 교회들이 다시 세워졌다. 밝은 오렌지색 페인트를 칠한 작은 시장도 생겼다.

현재 이곳에는 보건지원소(MSF가 자체적으로 만든 소규모 보건시설. 재난지역이나 난민촌 등에서 기초적인 보건업무를 수행한다—옮긴이)가 세워져 운영되고 있다. 마을 변두리에는 지진으로 집을 잃은 사람들을 위한 깨끗한 새 집이 마련돼 생존자들이 살고 있다.

이것은 기적적인 변모다. 그리고 우리는 그 일부였다. 우리는 학교 운동장에 텐트를 세워 보건지원소가 문을 열 때까지 보건사업을 지원했다. 질병이 확산되지 않도록 간이화장실을 만드는 한편, 사람들이 깨끗한 물을 마실 수 있도록 빗물을 모아 쓰는 시스템을 갖추고, 복구가 완료되기 전에 발생할지도 모를 긴급상황에 대처하는 방법을 지역보건 관계자에게 가르쳤다.

그러나 이것을 기적이라고 불러서는 안 된다. 코마사과 사람들의 고된 노동과 인내가 없었더라면 기적은 일어나지 않았을 테니까. 다만 우리가 그들에게 도움을 주었고, 노력한 효과가 있었다는 것만은 분명하다.

페케나 잉글라테라

작년에 일어난 지진으로 산타테클라 지역에서만 5천 명 이상이 집을 잃었다. 축구장에 마련된 임시숙소에 살고 있던 이재민들을 위해, 우리는 식수와 정신보건 서비스를 제공하고 보건지원소를 만들었다. 한편 정부 당국은 그 많은 사람들이 정착할 집을 마련하기 위한 대책을 두고 고심하고 있었다. 그런데 마침 한 영국인이 집 지을 땅을 기부함으로써 문제가 일단락되었다.

물론 완전히 해결된 것은 아니었다. 부지만 있을 뿐 집을 짓는 문제가 남았기 때문이다. 많은 어려움 때문에 처음에는 임시주택을 만들 수밖에 없었다. 양철로 만든 작은 집 안에서 사람들은 열대의 태양으로 구워지는 느낌을 받았다(우리 국가담당관은 그 집을 '전자레인지'라고 불렀다). 그러나 지금은 정부와 플랜인터내셔널Plan International(1937년 스페인내전으로 생긴 고아들을 구제하기 위해 처음 만들어졌으며 지금은 세계 최대의 어린이 개발원조기관으로 성장했다—옮긴이)이 건축자재를 공급함으로써 시멘트 블록으로 집을 지을 수 있게 되었다.

우리는 보건과 급수, 위생분야를 담당하고 있다. 임시화장실을 보급하고 하수처리에 관한 업무도 처리한다. 간단한 기술로 질 좋은 식수를 제공하는 우물도 많이 만들었다. 넓은 그늘이 드리워진 나무 밑 잔디밭에 작은 보건지원소를 세우고, 지역 공무원들과 만나 페케나 잉글라테라('작은 영국'이라는 뜻) 사람들이 가까운 정부진료소에 갈 수 있도록 협력하고 있다.

보건지원소 옆에 서서 페케나 잉글라테라를 바라본다. 저기 골목 아래 우물에서 자원봉사자 한 명이 마무리 작업을 하고 있다. 등 뒤에 선 간호사인 플로어가 건식화장실 사용법을 설명하는 소리가 들린다. 보이는 곳 어디서나 남녀노소 할 것 없이 집을 짓고 있다. 망치소리가 사방을 가득 채운다. 내 눈앞에서 새로운 공동체가 태어나고 있다.

시멘트 블록으로 만든 집들이 페케나 잉글라테라에 세워지고 있다.

작년에 이곳에 왔을 때 한 직원이 이렇게 말했다.

"우리 엘살바도르인은 낙관적입니다."

그때 나는 가공할 지진의 폐허 속 어디에도 낙관주의의 근거가 없다고, 희망의 이유가 없다고 생각했다. 그러나 내가 틀렸다. 단단히 틀렸다. 그들의 낙관주의는 정말이지 옳았다.

| 5장 |

콩고
내전

알려지지 않은 나라

2004년 1월 25일

그는 초점이 풀린 노란 눈으로 롤리팝(막대사탕의 일종. 이런 막대사탕에 마약을 발라서 사용하기도 한다—옮긴이)을 물고 있다. 마약에 취한 닌자(콩고 내전에 가담한 주요 반군조직—옮긴이) 전사는 기껏해야 17~18세 가량이며, 자주색 실로 만든 목걸이를 하고 등에는 기관총을 멨다. 이곳은 콩고공화국, 풀 주州의 킨칼라와 브라자빌을 잇는 도로를 통제하는 검문소다.

닌자 반군들(콩고)

콩고공화국은 훨씬 더 크고 악명도 높은 콩고민주공화국을 가로질러 흐르는 콩고 강의 북쪽연안에 있다. 남쪽으로 이웃한 콩고민주공화국과 마찬가지로 지난 10년에 걸친 내전과 혼란으로 황폐화된 나라다. 콩고민주공화국과 차이점이 있다면, 대부분의 국민이 전쟁으로 인한 인도주의적 참사를 겪고 있음에도 불구하고 서방 언론의 헤드라인에 거의 등장하지 않는다는 점이다. 한때 사하라 사막 이남의 아프리카에서 가장 발전한 국가 중 하나로 손꼽혔던 이 비옥한 나라는 이제 폐허로 변하고 말았다.

전투가 가장 격렬했던 풀 지역사람들은 전쟁의 주된 표적이 되어왔다. 데니스 사수 응궤소 콩고 대통령은 북쪽지역 출신이다. 남쪽의 풀 주는 인구가 가장 많은 비옥한 지역으로, 주요 정적의 본거지이기도 하다.

전쟁은 1992년 선거가 끝나자마자 시작됐다. 당시 선거에서 부족별로 표가 갈리면서 사수 응궤소 대통령이 권력을 잃은 것이 발단이었다. 이에 닌자, 코브라, 코코예 등 여러 군벌이 전 국토를 전쟁터로 만들기 시작했다. 풀과 브라자빌에서는 전쟁이 부족간 보복으로 이어져 인도주의가 철저히 파괴되었다. 그 해 말 유엔의 추정에 의하면 콩고 인구의 4분의 1 이상이 집을 버리고 도망가야 했으며, 집을 잃은 여자 중 3분의 1이 강간당했다고 한다.

2002년과 2003년에 걸친 12달 동안 정부군이 풀 지역을 고립시키고 반군과 무력충돌을 일으켜 또다시 집을 버리는 사람들이 속출했다. 가옥과 병원, 교회와 학교도 파괴되었다. 2003년에 휴전이 성립

되었지만 정부측도, 닌자 반군측도 무장해제와 군인들의 재통합 계획에 합의하지는 못했다. 검문소는 여전히 이 지역 전역에 남아 있고, 위험을 무릅쓰고 여행을 감행하는 사람들을 총을 든 사람들이 강탈하는 일도 일상화되었다.

2003년 봄, 마침내 MSF 의료팀이 풀 지역에 들어갔다. 생존자들의 건강은 극심한 영양실조로 인해 절망적인 상태였다. 대다수 도시와 마을의 인구가 전쟁이 시작될 시점의 반 이하로 감소했다. 사람들은 숲으로 도망가 1년 동안 숨어 지내야 했다. 살아남아 돌아온 사람들도 마을이 파괴된 것을 보고는 또다시 흩어졌다. 보건소와 학교도 파괴되었다. 도망갔던 교사와 의사, 간호사 가운데 일부만이 돌아왔다. 폭력과 약탈, 강간으로 점철된 수년의 세월이 전통적인 사회구조를 파괴한 뒤였다.

지금 이곳에는 돌보는 사람 하나 없이 혼자 남은 노인들과 뿔뿔이 흩어진 가족, 자기 힘으로 힘겹게 살아가야 하는 여자들과 아이들이 곳곳에 넘쳐나고 있다. 이들 생존자는 참지 못할 고통을 견뎌왔으며, 아직도 불확실성과 두려움 속에서 살고 있다. 가족들이 살해당하고 강간당하는 것을 지켜봐야 했기에.

"이들은 잃어버린 세대입니다."

노란 눈의 닌자 전사가 우리를 통과시키자, MSF의 한 간호사가 말한다.

"학교가 문을 열지 못한 지 7년이 되었어요. 형들이 어깨에 총을 멘 모습을 본 아이들은 이 다음에 커서 형들처럼 되고 싶다고 생각하지요. 게다가 평화 이행 과정이 전혀 이루어지지 않는다면 어떻게 저 닌자들을 무장해제 시키겠어요? 언젠가 검문을 받을 때 그 사람이 이렇게 말하더군요. '어떻게 내가 총을 버릴 수 있겠어요? 그리고 나면 대체 어디로 가야 하죠? 고향으로 돌아가도 사람들은 나를 반기지 않을 거예요. 그들은 내가 닌자 전사였다는 것을 알고 있으니까요. 만약 브라자빌로 간다면, 나는 죽은 목숨이죠' 라고 말이에요."

전투는 점차 잦아드는 모양이다. 그러나 풀 지역 사람들에게 삶은 아직도 안전하지 않다. 학교는 여전히 문을 닫았고, 유일한 무상의료 서비스는 국제구호기관들에게 의지할 수밖에 없다. 교착상태가 지속되고 있는 가운데 검문도 여전하고, 유엔은 제 역할을 하지 못하고 있다. 이것이 또 하나의 콩고, 세계가 잊어버린 콩고의 현실이다.

어려움을 딛고서

그렇다면 MSF가 콩고에서 하는 일은 무엇일까? 우리는 이 나라에서 6개의 프로젝트를 수행하고 있다. 이 프로젝트들은 크게 2가지로 나뉘는데, 그 성격이 너무 달라서 가끔은 한 나라 안에서 이렇게 다른 임무를 동시에 수행하는 것이 신기하게 느껴지기도 한다.

응카이와 모사카에서는 수면병을 치료하고 있다. 조사팀이 현지에 가서(응카이에는 랜드크루저로, 모사카에는 배로 간다) 사람들을 검사하고 양성으로 밝혀진 환자들을 치료센터로 보낸다. 치명적인 에볼라바이

이동진료소(룰롬보)

러스(1976년 수단에서 발견된 악성바이러스로, 일단 감염되면 90% 이상의 치사율을 보인다—옮긴이) 세력권의 북쪽에 있는 켈레에서는 에볼라에 대처하는 방법을 가르친다. 다른 3개의 프로젝트는 모두 기초보건임무에 해당되며, 풀 지역에 있는 킨칼라와 킨담바, 그리고 브라자빌의 외곽 지역에서 수행 중이다.

모든 임무는 이곳 브라자빌 사무소에서 지원한다. 이 지역에서는 거의 아무것도 생산되지 않기 때문에 이곳은 대규모 물류기지나 다름없다. 따라서 아래층의 물류센터는 항상 북적거린다.

나웰은 의료용품의 해외 주문을 맡고 있다. 수천 개의 백신을 싣고 온 엑스팻들이 도착하면 그녀는 기쁨을 감추지 못한 채 항상 지그(빠르고 경쾌한 4분의 3박자의 춤―옮긴이)를 추곤 한다. 프레드는 물자의 이동과 건물관리를 책임진다. 산업기반시설이 열악한 콩고에서 프로젝트를 수행하려면 랜드크루저와 유니모그(다목적 소형트럭―옮긴이)뿐 아니라 배까지 이용해야 하기 때문에 그가 해야 할 일은 아주 많다. 그래서 가끔 프레드가 물류상의 문제를 해결하는 것을 보면 연극의 무대연출가가 떠오른다. 만일 주피터(어떤 지형에서도 운전이 가능한 우리의 유니모그 트럭)가 이곳에 있고, 보급품과 엑스팻들을 저곳에서 태워 와야 하고, 코코(랜드크루저의 이름)의 4륜구동에 문제가 있다면, 어떻게 말라리아 진단시약을 수요일까지 킨담바에 보낼 것인가? 프레드는 이 모든 문제를 한번에 해결하는 방법을 어떻게든 찾아낸다.

무전기는 사람들과 물품이 언제 어디에 있는지 즉시 알 수 있게 해주는 기본적인 통신수단이다. 풀에서는 오후 6시를 자체적인 통금시간으로 정했기 때문에 이동진료소 차량들이 시간에 맞춰 마을을 떠날 수 있도록 계속 행로를 추적한다.

통신실은 지도와 차트로 가득 차 있다. 차트에는 각 지점 사이의 거리와 반드시 연락을 취해야 하는 지점들, 검문소와 건너기 어려운 강의 위치가 표시되어 있다. 몇 주 전에는 랜드크루저 1대가 늪에 빠져 결국 포기하고 철수했다. 다음 날 돌아가보니 다행히 차량에는 이상이 없었다. 풀에서는 안전을 위해서 항상 2대의 차량이 함께 움직인다.

각각의 프로젝트 기지에는 무선통신용 알파벳(알파, 브라보, 찰리, 델

타……)으로 만든 이름이 붙어 있다. 우리는 호텔 브라보(브라자빌의 B로 시작하는 기지라는 뜻—옮긴이)에 머물고 있는 셈이다. 응카이는 호텔 노벰버, 모사카는 호텔 모스키토, 킨칼라는 호텔 킬로로 정했다. 그런데 임무가 늘면서 K로 시작하는 기지 또한 늘어나자, 우리는 킨담바 기지를 호텔 킹스턴으로, 켈레 기지를 모두가 좋아하는 호텔 캘리포니아로 부르기로 했다.

사무소 옆에는 몇 개의 낡은 컨테이너로 지은 창고가 있다. 10분 거리에도 또 하나의 컨테이너 창고가 있다. 전쟁이 재발할 경우에 대비해 응급물품들은 MSF 회관과 사무소 양쪽에 보관하고 있다. 발전기와 비상용 발전기, 그리고 콜드체인(백신과 의약품을 적정온도에서 보관하는 시스템)의 온도를 유지하는 냉각기도 있다.

모든 운영은 원활하게 이루어지고 있으며, 효과를 거두고 있다. 보이지 않는 곳에서 이뤄지는 이런 활동들이야말로 도움이 필요한 사람들에게 의료봉사를 할 수 있게 해주는 밑바탕이 되는 셈이다.

킨칼라

1월 26일에서 28일까지

MSF 회관은 시내의 한쪽 끝에 있다. 길 건너편에는 광장이 보이고, 그 주위에는 주의 행정을 맡고 있는 단층건물들이 들어서 있다. 주지사의 사무실은 깨끗하게 칠해졌지만, 다른 건물들은 지붕조차 없이 입구에 나무들만 무성하게 자라고 있다.

우리 회관 옆으로는 산부인과병동, 전염병동, 외래환자병동, 수술실, 결핵병동 등 주립병원의 낮은 건물들이 이어진다. 지난 봄 이곳에서 일을 시작했을 당시에는 영양실조에 걸린 어린이들이 무척 많아 치료급식센터를 세워야 했다. 그러나 최근에는 그 숫자가 많이 줄어 급식센터의 문을 닫고, 대신 외진 마을 대여섯 곳으로 이동진료소를 보내고 있다.

이곳에는 스코틀랜드 의사 이언과 독일 의사 엘케가 어려운 환경 속에서도 환자들을 훌륭하게 돌보고 있다. 언젠가 병원 경영진과의 회의를 준비하고 있을 때, 이언과 엘케에게 환자가 찾아왔다. 환자의 엄마는 16세의 아들을 등에 업고 몇 킬로미터 떨어진 마툼바에서 걸어온 길이었다. 아들은 호흡조차 제대로 못할 만큼 목이 심하게 부어 있었다. 이언과 엘케는 하루 종일 환자 곁을 떠나지 않았다.

그날 밤 이언은 열대병에 관한 두툼한 책을 열심히 읽고서 마침내 소년을 괴롭히는 병이 무엇인지 알아냈다. 영양실조와 기생충이 발병의 원인이었다.

"브라자빌에 심장절개 시설이 있을까?"

그런 시설이 없다는 것을 알고 있는 이언은 사실 혼잣말을 한 거나 다름없었다. 그는 조용히 책을 덮었다.

"이 작은 청년은 살기 어렵겠네요."

우리는 주피터와 샤에탄을 타고 브라자빌을 떠났다. 주피터는 차 바닥이 높은, 엄청나게 큰 트럭이고 샤에탄은 4륜구동의 랜드크루저

브라자빌과 킨칼라를 잇는 1번 국도에서 발이 묶였다.

다. 우리는 MSF 깃발을 펄럭이며 넓은 가로수 길을 따라 브라자빌을 벗어났다.

바콩고와 마켈레켈레에 도착하자 브라자빌의 녹색 택시들과 화려한 자가용 대신 대중교통수단인 미니버스가 우리를 맞는다. 이곳은 전쟁 말미인 작년 3월에 버려진 지역이지만 지금은 사람들로 붐비고 있다. 좋은 징조다.

저 멀리 푸른 언덕이 굽이치며 사라진다. 1번 국도를 달리고 있지만 길이 자꾸 끊겨 도로 밖으로 돌아가야 한다. 그 와중에 샤에탄이 두 번이나 길에 빠져 주피터가 끌어내야 했다. 1985년에 같은 길을 달렸을 때는 1시간이 조금 넘게 걸렸다. 하지만 지금은 60킬로미터를 가는 데 6시간이 걸린다. 정부는 길이 엉망인데도 그대로 방치하고 있다. 그 바람에 도로 여러 곳에 너비가 30미터나 되는 틈이 생겼다. 그 길을 따라 우리는 정부군 검문소에 이어 다시 닌자 반군 검문소를 지나 마침내 킨칼라에 도착했다.

위험한 수술

2월 1일

킨담바는 풀 지역의 북쪽에 있는 닌자 반군의 심장부다. 전쟁 전에는 2만 명에 달했던 킨담바의 인구는 현재는 3천 명밖에 되지 않는다. 집들은 무너져 내리고, 그렇지 않은 건물에는 닌자들의 낙서가 가득하다.

MSF는 킨담바에서 몇 개의 이동진료소를 운영하며 의료봉사를 하고 있다. 도로 사정이 나빠서 이동진료소를 운영하는 데 어려움이

콩고의 현지직원이 공급된 의약품을 확인하고 있다.

많다. 마약에 취한 검문소의 닌자 전사들도 도움이 안 되기는 마찬가지다. 3시간 정도의 진료를 위해서 6시간을 운전으로 허비해야 할 때도 많다.

점심을 먹으며 케냐에서 온 조산사인 마리사와 이야기를 나누었다. 그녀는 지역보건위원회와 함께 마을진료소를 새로 만들거나 예전 진료소를 재건해야 한다는 생각을 가지고 있다. 물론 그녀 말대로 한다면 효과는 더 좋을 것이다. 하지만 문제는 이 지역이 아직도 분쟁 중이라는 데 있다. 총을 든 폭도들은 우리가 물자를 공급하는 진료소 몇 곳을 어김없이 약탈하곤 한다.

지난 10월 이곳에서 일을 시작했을 때 가장 급선무는 영양실조를 해결하는 일이었다. 사람들이 오지에 숨어 있으면서 오랫동안 굶주린 탓이었다. 우리가 만든 병원 내 치료급식센터에 한꺼번에 50명의 어린이를 수용했던 적도 있다. 심각한 상황이 지나가자 급식센터는 문을 닫고, 나머지 영양실조 어린이들은 병원에 입원시켰다.

우리는 입원실도 운영한다. 대부분 말라리아 환자다. MSF 의사 사이먼은 우리가 사용하는 ACT가 '정말 대단한 약'이라며 칭찬을 아끼지 않는다.

"3일이면 충분합니다. 말라리아 환자를 하루 입원시켜 2알을 먹인 다음, 마지막 1알은 집에서 먹으면 끝나죠."

우리는 킨담바 병원에 산과병동과 모자센터도 설치했다. 지난 주에는 한 여성이 출산을 앞두고 진통을 시작했다. 사이먼과 스티브(또 다른 MSF 의사), 마리사가 병원에 도착했을 땐 이미 난산으로 엄마와 아

힘든 수술 끝에 기력을 회복한 산모와 아기(킨담바)

기의 생명이 위험한 상태였다. 사이먼이 그때의 상황을 전했다.

"우리는 골반을 넓히는 외과적 방법을 시도해보기로 했어요. 안 그러면 산모와 아기가 위험했으니까요. 그런데 문제는 우리가 이 시술을 구경조차 해본 적이 없다는 거였죠. 서방국가라면 그런 상황에선 제왕절개수술을 했을 겁니다. 하지만 한밤중의 킨담바에서는 불가능했어요. 그래서 우리는 할 수 있는 것은 모두 해보기로 했습니다."

밖에서는 온통 천둥번개가 몰아치는 가운데 사이먼과 스티브, 마리사가 수술을 시작했다. 태양전지 랜턴 하나와 광부용 헤드라이트가 조명을 대신했다. 사이먼이 MSF 가이드북을 보며 시술을 맡고 스티브가 피를 씻어냈다. 산모는 부분마취만 한 상태라 "엄마, 엄마!"

소리치며 신음했다. 아기를 당기느라 사방에 피가 흥건했다. 마침내 아기가 빠져 나와 마리사 손에 안겼다.

"아기는 귀 위쪽에 아주 작은 자국이 남았을 뿐입니다. 그리고 제 손가락도 모두 무사했죠."

사이먼이 자랑스럽게 말했다.

바구미들

2월 9일

그리니치 대학에 이메일을 보내 상황을 설명한 후 그것들이 밀가루벌레(곡분에 꼬이는 벌레의 일종—옮긴이)라는 답변을 받았다. 그러나 나는 아직도 그것들이 바구미라고 생각한다. 아니, 무엇이든 상관없다. 나는 단지 환자들에게 줄 혼합곡이 오래 묵고 벌레 먹은 걸 알고는 그냥 넘어갈 수 없었다. 영국에 있는 식품공학자에게 연락을 취해보았다. 유통기한인 3월 말까지 괜찮다는 의견을 보내왔다. 그러나 바구미들은 여전히 문제였다.

응카이에서 바구미들을 처음 본 것은 지난 주였다. 물류관리자인 마리오가 최근에 하역된 식량 속에서 제일 먼저 발견했다. 저장고로 나를 데려간 그는 '옥수수·콩 혼합곡, 세계식량계획, 독일로부터의 선물'이라고 적힌 부대에 구멍을 뚫고, 바구미가 생긴 내용물을 한 스푼 떠서 지퍼백에 넣어주었다. 나는 그것을 브라자빌로 가져왔다.

어제 바구미들이 신나게 식사를 하는 동안 일일이 그놈들을 세어서 샘플 1cc 당 2.5마리가 든 것을 확인했다. 그리고 오늘 아침 유엔세계식량계획 직원과의 회의에 그 투명한 백을 가져갔다. 작고 수줍어하는 녀석들이 혼합곡 속에 숨는 바람에, 깨끗한 사무실의 반짝거리는 책상에 백을 내놓았음에도 극적인 효과는 전혀 거둘 수 없었다. 그러나 직원은 소독과정을 다시 점검하겠다고 약속했다.

보다 흥미로운 것은 MSF 사무소 사람들의 반응이었다. 바구미가 든 백을 보자 여러 번 임무에 참가했던 한 엑스팻이 빈정거리듯 말했다.

"훗, 이건 별거 아니에요."

그러나 나는 이번에 첫 번째 임무를 맡은 마리오가 전날 응카이에서 했던 말에 동의한다.

"저라면 이런 걸 먹지 않을 겁니다. 우리 환자들도 원치 않을 테구요. 캐나다에선 슈퍼마켓에서 벌레가 생긴 곡물을 판매하면 공중보건국이 문을 닫게 할 겁니다. 이건 정말 넘어갈 수 없는 문제네요."

그 사이 책상 위에 놓인 백 안에서 바구미들이 이리저리 돌아다녔다. 나는 바구미가 몇 마리인지 맞춘 사람에게 상을 주겠다고 했다.

응카이의 수면병

2월 11일

이곳 응카이에서 우리는 체체파리에 물려 발병하는 수면병 치료에

MSF가 수면병 프로그램을 실시하고 있는 응카이 종합병원

집중하고 있다. 희생자 대부분은 들판에서 일하다가 체체파리에 물린 경우다. 콩고에는 국가 차원의 수면병 프로그램이 있지만 전쟁으로 유명무실해지는 바람에 감염률이 급격히 높아졌다.

우리는 수면병의 발병 여부를 알아내기 위해 조사팀을 보내 간단한 테스트를 하는 한편, 외곽의 작은 마을에서 기초적인 보건진료도 한다. 쿠베테 지역에서는 콩고 강과 그 지류를 따라 배로 이동하며 조사임무를 수행하고, 부엔자 지역에서는 랜드크루저로 이동한다. 보통 한번 나가면 몇 주씩 걸리는 작업이다.

우선은 보건교육 담당자가 하루 먼저 마을을 방문하고, 이어서 연구소 검사원들과 간호사들이 가서 검사를 실시한다. 환자들이 많이 나오면 응카이나 마딩고우로 보내 그곳 국립병원에 있는 우리 입원실에 입원시킨다.

조명을 어둡게 한 입원실에는 10개의 침대가 있고, 침대마다 낮 동안에 말아 올릴 수 있는 모기장이 달려 있다. 환자는 간호를 도울 사람을 데려와야 하는데, 주로 병수발을 들 수 있고 증세 변화를 알아볼 수 있는 가족을 동반한다. 독일 의사 사라와 콩고 의사 다니엘이 함께 회진을 돌며 환자의 병력을 말해준다. 줄에 매인 염소 한 마리가 병원 안마당에서 울고 있다.

수면병의 기생충은 오랫동안 휴면상태로 있거나 급성으로 나타날 때도 있다. 사실 우리는 이 병에 대해서 잘 알지 못한다. 하지만 치료하지 않으면 감염된 사람은 모두 죽는다. 환자들은 기분이 수시로 변한다. 흥분하기도 하고 미친 것처럼 보일 때도 있다. 그러다가 잠이 들고 또 잔다. 이런 식으로 점차 혼수상태에 빠지는 것이다.

이 프로젝트는 규모도 크고 복잡하다. 검사팀을 오지로 수송하고, 의료지원과 제대로 된 연구실도 필요하다. 그리고 무엇보다 치료제가 꼭 있어야 한다.

이곳 보건부가 공식적으로 승인한 치료제는 멜라사프롤이다. 아르세닉계 약품으로 수개월에 걸쳐 정맥주사로 맞으며, 부작용으로 죽을 수도 있다. 실제로 이 약으로 치료받는 환자 중 일부는 사망한다.

예멘에서 온 의료조정관 사와트가 말한다.

"멜라사프롤이 팔을 지나 몸으로 들어가기 시작하면 환자들이 몸을 움츠립니다. 환자들은 아주 용감해요. 그러나 이 치료를 받다 보면 정맥이 녹아버리지요. 퇴원 후 치료를 받으러 3~4개월 뒤에 병원에 다시 와도 여전히 정맥을 찾을 수 없죠."

이 역시 우리가 직면한 비극 중 하나다. 피검사를 통해 발병이 예상되는 환자를 입원시키고, 멜라사프롤로 치료하고, 그 약물 때문에 다시 죽어가는 것을 지켜봐야 하는 것이다.

DFMO라는 또 다른 약물은 부작용으로 죽는 일이 없다. 그러나 이 약은 세심한 관리가 필요해서 처방하려면 병원에 더 오래 입원해야 한다. MSF는 DFMO를 다른 약물과 함께 사용해서 치료기간을 줄이는 연구에 참여하고 있다. 입원비에 대한 환자의 부담을 줄이기 위해서다. 문제는 오래되고 치명적인 약품이 DFMO보다 저렴하고, 콩고 같은 나라의 정부는 최소한의 예산으로 의사결정을 해야 한다는 점이다.

보건부와의 회의에서 사와트는 고위간부에게 이렇게 따진 적이 있다.

"만일 당신 아이가 아프다면 멜라사프롤을 줄 겁니까, DFMO를 줄 겁니까?"

그는 답변하지 않았다.

아직도 멜라사프롤은 콩고의 공식 치료제이다.

홍역

2월 22일

북부지역의 켈레에 있는 클로데트와 앙드레로부터 이메일이 도착했다. 약 2시간 거리에 있는 에툼비라는 소도시에서 홍역이 발생했다

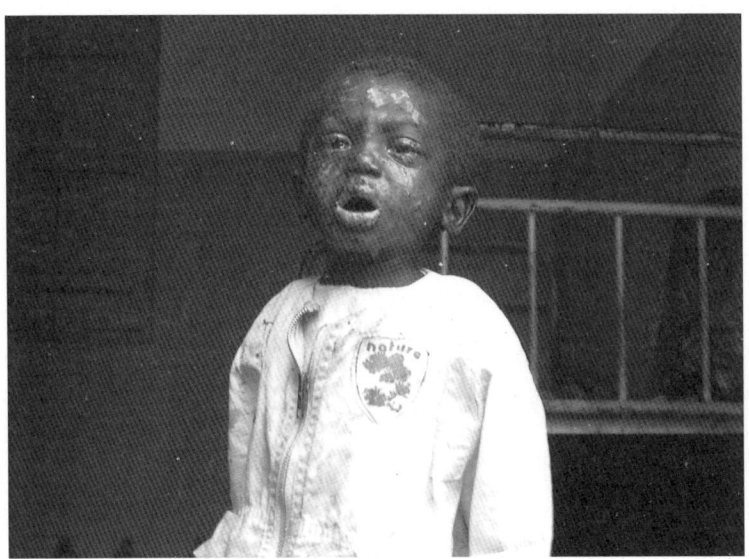

홍역을 심하게 앓고 있는 어린이

는 소문을 들었다는 것이다.

캐나다에 있을 때 나는 교실에 앉아 어린 학생들과 얘기할 기회가 많았다.

"예방이 가능한 질병 중에서 전세계적으로 5살 미만의 어린이들이 가장 많이 희생되는 병은 무엇일까요?"

아이들은 거의 정답을 모른다. 그것은 홍역이다.

콩고 의사 오션과 경험 많은 벨기에 물류관리자 나웰과 함께 대책을 논의했다. 우선 우리는 이 소문이 사실인지 확인해야 했다. 오션이 유니세프에 있는 동료에게 연락해서 그들이 혹시 이번 홍역 발생 건에 대해 들은 것이 있는지 물어보기로 했다.

무전기사가 풀에서 이동진료를 하고 있는 차량의 위치를 확인하는 동안 나웰과 나는 무덥고 시끄러운 통신실에 앉아 당장 해야 할 일이 무엇인지 생각한다.

켈레에 있으면서 에툼비에 정말로 홍역이 발생했는지, 그 전에 발생한 홍역과 어떻게 다른지, 보건부가 홍역을 치료할 역량이 되는지, 보건부가 이 지역사람들에게 예방접종을 했는지, 혹은 기부자들로부터 돈을 타내기 위해서 하는 척만 했는지 등을 확인해줄 두 사람이 필요할 것 같다. 켈레까지 나흘 걸리는 길을 가본 적 있는 운전사 길버트가 그 지역의 열악한 도로 사정을 이야기한다.

클로데트와 앙드레에게 이메일로 지침을 보내면서 그들이 이 일을 맡을 수 있는지 물었다. 하지만 나웰은 캐나다 사람과는 확실히 다르다.

"당신들은 항상 사람들에게 이러저러한 일을 할 수 있느냐고 묻는데, 그냥 하라고 하세요. 물어보지 말고."

사무실로 돌아와서 마음을 가라앉히려 애쓴다. 며칠 뒤면 수천 개의 백신을 가지고 신참 하나가 도착할 것이다. 나웰과 사와트가 브라자빌의 창고에 홍역에 대처할 수 있는 물자가 있다는 것도 확인했다. 따라서 보건부가 지원을 요청하면 다음 비행기편으로 보내줄 수 있을 것이다.

2월 24일

어제는 MSF 암스테르담 사무소에 전화를 걸어 이런 상황에서 무엇부터 해야 하는지, 홍역 때문에 어떤 문제가 발생할 수 있는지 등에 관해 그곳의 의료진에게 조언을 구했다.

소문이 사실일 경우에 대비해서 그들은 환자를 치료하거나 예방접종을 하는 데 필요한 물자를 긴급지원할 만반의 준비를 갖추고 있었다. 우리는 또한 다른 지역의 의료직원 몇 명을 켈레로 보내는 문제도 이야기했다.

통화를 끝낸 같은 날 밤, 앙드레와 클로데트에게서 보고가 들어왔다. 켈레에서 에툼비까지 4시간이 걸렸지만, 적어도 그들이 도착했을 때는 우리가 두려워했던 것만큼 상황이 나쁘진 않았다. 2월 첫째 주에 14명이 홍역에 걸렸고, 지난 주에 2명이, 이번 주에는 3명이 보고되었다. 그러니 가장 심각한 상태는 지난 것으로 보인다. 말라리아로 고생하고 있는, 퀘벡 출신의 간호사 클로데트는 에툼비의 보건소가 상황을 잘 통제하고 있다고 전했다.

하지만 생각해보자. 19명의 환자 중 16명이 홍역 예방접종을 받은 아이였다. 이는 콩고가 국가적인 차원에서 벌이고 있는 예방접종캠페인의 실효에 대해 시사하는 바가 크다.

다행스럽게도 에툼비에서 발병한 아이들 중 사망자는 없었다. 따라서 홍역 예방접종캠페인을 준비할 필요는 없을 것 같다. 이곳의 자원봉사자들은 기뻐하면서도 한편으로는 약간 실망했다. 브라자빌을 떠나 손수 의료봉사를 할 수 있는 오지의 현장으로 가고 싶어했기 때문이다.

콩고의 보건

3월 1일

콩고의 보건시스템은 심하다 싶을 만큼 낙후되어 있다. 1980년대 몇몇 아프리카 국가들은 비용분담제도를 만들었다. 환자들은 의료비의 15~20%만 내고, 국가가 병원과 의원을 관리하며 의약품과 물자의 비용을 부담한다는 내용이었다.

그러나 이 제도는 제 기능을 다하지 못하고 있다. 전체 의료비의 약 5% 수준에만 기여하고 있을 뿐이다. 견제와 균형이 없고, 전쟁을 겪거나 교육받지 못한 가난한 사람들이 사는 곳에서는 좋은 제도라고 해도 제대로 힘을 발휘하기가 어려운 법이다.

응카이에서 그 지역의 예방접종프로그램을 운영하는 디외도네와 이야기를 나누었다. 그는 내가 가진 의문을 해결해주었다. 콩고에서 예방접종이 무료냐고 묻자 눈빛이 달라지며 "원칙적으로는 그렇죠"라고 또박또박 조심스럽게 대답했다.

그렇다면? 콩고 사람들은 예방접종카드를 사기 위해 1달러를 내야 한다. 디외도네는 시장에 가면 저렴한 25센트짜리 카드도 살 수 있다고 말했다.

또한 환자들이 콜드체인에 사용되는 연료비용의 일부를 부담할 때도 있다. 거기에다 주사기 값으로 50센트를 더 내야 한다. 많은 액수라고 생각하지 않을지도 모르지만, 콩고의 1인당 국민소득이 하루에 2.5달러라는 사실을 기억해야 한다.

이언이 킨칼라에서 어린이를 돌보고 있다.

"이봐요, 우리가 카드를 무료로 나눠주면 카드를 파는 사람들은 어떻게 먹고 살겠어요?"

디외도네는 이렇게 말했지만 카드를 살 여력이 없는 엄마들이 아이들에게 홍역이나 소아마비, 또는 쉽게 예방할 수 있는 다른 질병의 예방접종을 시키지 못해 결국 아이들을 더 큰 위험에 빠뜨린다는 사실을 그 역시 인정했다.

가장 고통 받는 사람은 곧 가장 가난한 사람들임을 또다시 확인한 셈이다.

콩고여 안녕

3월 3일

내가 이곳의 어려움만 너무 많이 적어 콩고에 대한 뒤틀린 인상을 주지 않았을까 걱정된다.

아침을 노래하는 새들의 합창, 내 방 창문 밖 망고나무에 바구니를 들고 올라가 열매를 따는 남자, 카누에 몸을 싣고 물결을 거슬러 노를 젓는 콩고 강의 어부들, 콩고 강에서 헤엄치다 브라자빌과 킨샤사를 오가는 여객선에 몰래 올라타는 소년들, 컨테이너에 살면서 문 밖에는 꽃밭을 가꾸는 가족들, 남녀 모두 즐겨 입는 아름답게 염색된 옷들, 그리고 콩고인의 품위 있는 태도, 이 모두가 콩고의 모습이다.

일이 끝난 후 동료들과 둘러앉아, 웃고 떠들며 아프리카 축구와 부엔자, 상가, 쿠베트, 풀에 있는 그들의 고향에 대해 들었던 이야기가 생각난다. 그들은 친절하고 사람들을 기꺼이 돕고 환영한다. 내가 그들 모두에게 특별히 감동을 받는 건 우리 일에 그들이 헌신하기 때문만은 아니다. 풀 지방 사람과 북쪽지방 사람, 남녀 할 것 없이 모두가 팀을 이뤄 우리와 함께한다는 사실이야말로 더할 수 없는 감동을 안겨준다.

오랜 내전 동안 북쪽과 남쪽 사람들은 서로를 죽였다. 하지만 이곳의 우리 직원들은 함께 일할 수 있다. 때로는 어려움도 있다. 그러나 서로 증오하도록 교육받은 이 사람들은 힘을 모아 기적을 만들어내고 있다.

5장 콩고 내전 • 149

나는 오늘 아침 2명의 새로운 자원봉사자들을 맞아 이곳의 상황을 설명하고 있었다. 아잔은 풀로 가고, 마리나는 웅카이로 떠난 뒤였다. 우리가 이야기를 나누고 있을 때 의사 오션이 들어왔다. 그는 웃고 있었지만 슬픈 눈으로 말했다.

"아프리카에 오신 것을 환영합니다. 콩고에 오신 것을 환영합니다. 우리나라에 와주셔서 고맙습니다. 자원이 풍부한 이 나라에서 사람들은 비참하게 살고 있습니다."

오션이나 뤽, 장 파르페, 미레유 같은 사람들이 있기에 이곳엔 희망이 있다. 그들은 조국의 상황과 부패한 체제에 물들지 않은 콩고인들이다. 그들이 이곳을 더 좋은 곳으로 만들 것이다. 더불어 나에게는 그들이 승리하는 날까지 그들 곁에서 영예롭게 함께 일할 수 있는 도전이 남아 있다.

호텔 브라보 아웃.

|6장|

잠비아의
　　　희망

카부타

2005년 4월 20일

응켈렝게 주 카시키시 시에 있는 MSF 사무소 구내는 아침 햇살 속에 몹시 분주하다. 흰색 랜드크루저들이 커다란 나무 밑 그늘에 줄지어 서 있다. 열린 뒷문으로 짐이 가득 실린다. 워크숍에서 사용할 차트, 의료용 보급품, 루사카에서 구입한 저온보관 박스, 말라리아 진단 시약 등을 싣고 나자 의사와 간호사, 진료소 직원, 상담원, 통역원, 운전사 등이 올라탄다. 랜드크루저는 11명을 태울 수 있으니 이 차는 오늘 만원이다.

루사카에서 이곳까지 이틀 간 타고 온 포장도로는 카시키시의 북쪽

카부타의 HIV 지원그룹

에서 끝나고, 이제 우리는 진흙길을 달린다. 이곳은 아름답다. 음웨루 호수가 왼쪽에서 반짝인다. 멀리 호수의 기슭 위로 보이는 건 콩고민주공화국의 단층절벽이다. 원뿔 모양의 초가지붕을 한 작고 깨끗한 오두막과 눈부시게 붉은 꽃이 핀 화단이 보이는 마을을 지나친다. 그렇게 30분쯤 차를 달려 카부타에 도착한 일행은 파랑과 흰색으로 칠해진 낮은 초등학교 건물을 지나 지방보건소와 우리 AIDS 진료소에 도착한다.

지원그룹이 진료소의 작은 방에서 회의를 하고 있다. 이 사람들은 모두 HIV 양성반응자로, 우리 진료소의 환자이자 카부타의 주민이다. 우리는 그들 대다수에게 ARVs(항레트로바이러스제—옮긴이)를 투여하고 있다. HIV 양성반응자가 발병하는 것을 막아 생명을 연장할 수 있게 하는 약품이다.

환자들은 우리가 나중에 이 프로그램을 잠비아 보건부에 인계하면 무슨 일이 벌어질지 걱정이 매우 크다. 보건부는 현재 ARVs의 값을 한 달에 12달러로 책정하고 있는데, 치료법이 발견될 때까지 평생 ARVs를 복용해야 하는 환자들로서는 경제적 부담이 엄청날 수밖에 없다.

그곳 MSF 상담원은 지나치게 낙관적인 듯하다. 그녀는 지원그룹의 한 사람에게 이렇게 말한다.

"아비가일, HIV에 감염되었다고는 하지만 왜 아프다고 하는 거죠? 바이러스를 가지고 있어도 당신은 무엇이든지 할 수 있어요. 아프다면 일어나지도 못하고 하루 종일 누워 있어야 하죠. 그런데 당신은 그렇지 않잖아요."

그러나 만약 ARVs의 가격이 인하되지 않았다면, 그리고 복제약품이 없었다면 아비가일과 오늘 이 방의 많은 사람들은 단지 아픈 정도가 아니라 벌써 사망했을 것이다.

이 사람들은 분명 아파 보이지 않는다. 오히려 기운이 넘쳐서 그들이 일하고 있는 야채농원에 관해 논쟁을 벌일 정도다. 농원은 환자들을 위한 수입창출 프로젝트다. 그들은 지금 5천 크와차Kwacha(약 1.25달러)를 두고 열띤 토론을 벌이고 있다. 12명으로 나눈다면 결국 한 사람당 10센트를 위한 논쟁인 셈이다. 이럴 때면 경제수준의 차이 때문에 숨이 막힐 것 같다.

잠시 후 오스트리아 의사 안드레아가 공동체봉사자라는 단체로부터 상황을 보고받는 자리에 참석한다. 이들 카부타의 자원봉사자들은 자신이 속한 공동체의 환자들을 돌봐주고 있다. 안드레아는 누가 ARVs를 복용하고 있고, 누가 영양보충제를 복용하고 있는가 같은 뻔한 질문은 넘어간다.

그의 질문이 점점 빠르고 격렬해진다. 왜 어떤 ARVs는 다른 것보다 비쌀까? 그것들이 더 좋기 때문일까? 인도산 ARVs는 어떠한가? 만일 사람들이 기부를 중단한다면 ARVs는 어떻게 될까?

모두 훌륭한 질문이지만 어느 것에도 쉽게 답할 수 없다.

안드레아는 우리의 웰케어패키지에 대해서 설명한다. 우리는 매달 이것을 AIDS 환자들에게 지급한다. 그 안에는 비누와 폴산(빈혈약—옮긴이), 바이러스의 확산을 늦추는 복합비타민, 영양보충제, 심한 설사에 사용하는 탈수완화용 염류, 그리고 6개의 콘돔이 들어 있다.

안드레아가 질문을 이어간다.

"여기서 잠깐 질문을 해볼까요? 우리는 한 달에 한 번 이 패키지를 나눠주고 있죠. 6개의 콘돔이면 한 달 동안 충분한가요? 환자들이 콘돔을 사용하나요?"

사람들은 수줍어한다. 이는 결국 섹스에 관한 얘기니까. 그러나 곧 6개로는 충분하지 않다고 말해준다.

안드레아는 또 다른 질문을 던진다.

"여자들이 사용하는 콘돔을 알고 있나요?"

"아웨!"

오전 내내 조용히 앉아 있던 여자 한 명이 큰 소리를 지른다. 그러고는 자신도 놀라 어쩔 줄 몰라 한다.

"아웨!"

안드레아가 웃으며 따라한다.

"그 말은 '아니오'라는 뜻이죠?"

안드레아가 여성용 콘돔에 관해서 설명하자, 여성이 자신의 몸을 그 정도로 통제할 수 있다는 사실에 놀란 듯 모두들 갑자기 웅성거린다.

이들은 훌륭하다. 자신의 공동체를 돕기 위해서 지원했으며, 의료진이 없을 경우 환자에게 큰 힘이 될 것이다. 이곳에서는 본인이 AIDS에 걸리든 교사와 간호사, 농부, 어머니, 아버지들이 죽거나 아픈 공동체를 지켜내야 하든 간에 AIDS라는 광풍을 피할 수 없다. 이 사람들은 살아남을 것이며 헌신적인 노력으로 카부타를 살아 있게 할 것이다.

캄브왈라

4월 21일

우리 의료진은 매일 응켈렌게의 지방보건소를 돌며 환자들을 만난다. 한 팀은 북쪽으로, 다른 한 팀은 남쪽으로 간다. 남쪽을 맡은 의사인 에스더는 이곳에 1년 정도 있으면서 몇 가지 놀라운 변화를 목격했다.

"처음에는 훨씬 더 힘들었어요."

에스더가 캄브왈라 지방보건소의 북적거리는 작은 진료실에서 환자를 기다리며 말했다.

"검사를 하려고 피를 뽑는다고 하면 사람들은 우리가 그걸 마시는 게 아닌지 의심했어요. 좀처럼 우리에게 마음을 열지 않았죠. 아주 난감했어요."

차츰 용감한 사람들이, 보통은 몹시 아픈 사람들이 도움을 받으러 오자 우리는 그들에게 ARVs를 처방했다.

"병세가 나아진 첫 환자들이 침대에서 일어나 일터와 집으로 돌아가자 다른 사람들도 우릴 찾아와 검사를 자청했어요. CD4(CD4 항원을 가진 면역세포의 일종. AIDS 바이러스는 이 면역세포만 선택적으로 공격하므로 수치를 측정, 병세를 진단하고 치료수준을 결정한다—옮긴이) 수치를 묻고, ARVs를 달라고 하기 시작했죠. 환자들이 스스로 우리에게 치료를 해달라고 하다니, 그건 정말 굉장한 일이었어요."

에스더는 그때의 감격을 잊지 못한다.

탄자니아 의사 에스더 음툼부카가 캄브왈라 지방보건소에서 HIV · AIDS 환자들과 상담하고 있다.

"ARVs 치료를 하기 앞서 상담을 먼저 합니다. ARVs는 생명을 구하기 위해선 먹어야 하지만, 구토와 어지럼증, 혹은 설사와 같은 부작용이 있을 수 있다는 점을 말해주죠.

환자들의 삶에 대한 의지도 확인해야만 해요. 왜냐하면 일단 치료를 시작하면 남은 일생 동안 계속해야 하거든요. 환자들이 '나는 내 아이들이 자라는 걸 보고 싶어요. 나는 사업을 하고 싶어요'라고 말하며 강한 의지를 보이면, 치료를 잘 따를 수 있을 기라고 판단하지요.

우리는 전통적인 방식으로 그들을 치료하는 사람들과도 만나 우리의 처방을 공유해야 했어요. AIDS 환자들은 우리뿐 아니라 그들에게도 찾아가기 때문이죠."

에스더가 말을 이었다.

"그들 치료사들이 환자의 몸에서 바이러스를 내쫓는다는 명목으로 설사를 일으킬 수 있는 약초를 준다는 것을 알게 됐어요. 하지만 우리는 ARVs가 충분히 흡수될 때까지 환자의 몸속에 가능한 한 오래 남아 있기를 바랐죠. 환자들을 우리에게 보내달라고 했지만 그들은 오히려 자기에게 환자를 보내라고 하더군요. 그렇게 할 수는 없었어요. 우린 무엇이 자신을 위해서 최선인지를 환자 스스로 선택하도록 합니다. 그러니까 우리의 가장 큰 조력자는 바로 환자라고 말해야겠죠."

에스더와 보건소 직원들이 업무를 시작한다. 말라리아를 검사하고, 건강상태를 측정하고, 환자를 지원그룹 모임에 보낸다.

새로운 환자가 왔다. 정말 뼈와 가죽밖에 남지 않은 에노크라는 젊은이다. 그가 어떻게 보건소까지 올 수 있었는지 놀라울 따름이다. 이곳에서 6킬로미터 떨어진 카시키시에서 온 그는 지금 정신이 혼미한 상태로 겁에 질려 있다. 에스더와 보건소 직원들이 부드럽게 그에게 상황을 설명한다.

바깥 사무실에서는 메리와 이그나티우스가 ARVs와 기타 약품을 환자들에게 나눠주고 있다. 이 사람들은 어부와 농부인데 아기들까지 데려왔다. 그들 중 한 남자가 더럽고 낡은 플라스틱 용기를 열고 약을 받을 차례를 기다린다. 이그나티우스와 메리는 가끔 어린이들을 위해 알약을 반으로 쪼갠다. 어린이를 위한 ARVs는 어디에서도 생산되지 않기 때문이다.

남자가 가진 플라스틱 용기에는 아직도 알약이 좀 남아 있다.

"지난 주 잭에게 첫 주분의 약을 주면서 토할 경우를 대비해서 2개를 더 주었지요."

메리의 말이다. 용기 안에 여분으로 주었던 2알이 남아 있는 것을 확인한 메리는 얼굴이 환해진다.

메리가 이번 주에 먹을 약을 용기에 채운다. 잭이 가진 용기는 우리로부터 받은 것임이 분명하다. 용기의 가운데를 구분해놓은 마분지의 양면에 아침을 뜻하는 해와 달이 각각 그려져 있다. 덕분에 그는 아침에 먹을 약과 밤에 먹을 약을 구분할 수 있다.

메리가 잭의 투약일정을 점검한다. 잭이 착실하게 따라줘서 기뻐하는 눈치다. 환자가 약을 꼬박꼬박 지시대로 잘 먹을 때 우리는 '착실하다'고 표현한다. 하지만 나는 의심스럽다.

"어떻게 확신하죠? 그가 거짓말을 할 수도 있잖아요."

에스더가 내 질문에 대답한다.

"저는 문제 없을 거라고 생각해요. 잭의 아내도 우리 환자인데, 처음에 잭은 검사받는 것조차 거부했어요. 약을 먹는 아내는 점점 더 건강해졌고 그는 상태가 악화됐죠. 그러자 잭이 와서 약을 달라고 했어요. 우리는 그를 면밀히 관찰할 거예요. 앞으로 4주 간은 한 번에 1주일분의 약만 줄 거니까 잭은 매주 이곳에 와야 해요. 그가 착실하게 따라주면 다시 2주분을 주고, 그 이후엔 기간을 더 늘릴 거예요. 어쨌든 잭이 우리를 믿고 잘 따라올 거라고 믿어요."

아기들이 운다. 아기들은 병원에서 언제나 운다. 듣기 좋은 소리다. 울 수 있을 정도로 건강하다는 의미일 테니까. 비좁은 방에 놓인 탁자 주변에서 사람들이 북적거린다. 약을 나눠주는 메리와 이그나티우스, 아킴, 그리고 12명의 환자.

약을 받으러 들어온 여자 하나가 진료탁자로 몸을 숙이며 한숨을 크게 쉰다. 이그나티우스가 약 먹는 법을 훈련시킨다.

"이 약은 언제 먹지요?"

"6시간마다 먹어요."

"저 약은 언제 먹지요?"

"18시간마다 먹어요."

"좋아요."

그녀의 눈은 빛나지만 여전히 뼈와 가죽만 남은 상태다.

캄브왈라에서 지원한 간호보조사인 아킴과 잠시 쉬며 이야기를 나눈다.

"많은 사람들이 침대를 떠나지 않는데다 숨어버린 사람들도 많아서 상황이 아주 나빴어요. 그들은 회복되는 이웃들을 보고 나서야 이곳에 와서 '지금 당장 ARVs를 주세요' 라고 말했죠.

예전에는 많이들 죽었어요. 여기서 한 사람, 저기서도 한 사람. 지금은 이곳 덕분에 죽는 사람이 줄었어요. ARVs 치료가 큰 변화를 가져온 거죠. 사람들은 병증을 이겨내고 이곳을 계속 찾아왔어요."

아킴은 웃으며 탁자를 가리킨다.

"저 약 덕분이죠."

물론, 잊지 말아야 할 게 있다. 이 사람들은 이곳 응켈렝게 주에서도 특혜받은 소수에 지나지 않는다. 대부분의 아프리카인에게는

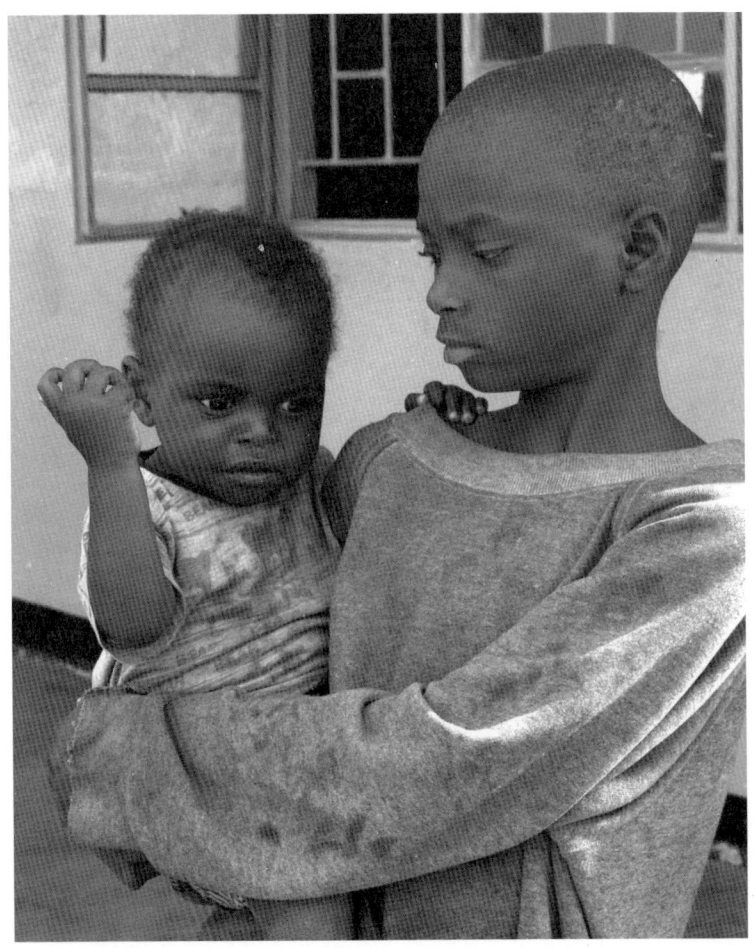

열두 살짜리 소년이 혼자 남아 어린 동생을 돌보고 있다. 소년의 부모는 *AIDS*로 죽었다.

ARVs를 얻을 수 있는 기회가 없다.

　AIDS는 정말 기만적인 살인마다. 적어도 내 눈에는 이곳의 삶이 변함없이 지속되는 것처럼 보인다. 적갈색 벽돌로 만든 오두막, 정겨운 초가지붕, 작지만 무성한 정원. 전쟁으로 인한 물리적 파괴의 흔적은 어디에도 보이지 않는다.

　그러나 지난 해 잠비아에서는 교사 1,500명이 AIDS로 목숨을 잃었다. 만일 전쟁에서 이런 일이 일어난다면 비상벨을 눌러야만 할 것이다. 교사는 한 사회의 건강을 위해 아주 중요한 존재이기 때문이다.

　뼈와 가죽만 남아 있던 에노크라는 젊은이가 복용할 약을 타러 온다. 첫날이라 ARVs를 받는 대신 우선 탈수완화용 염류와 복합비타민, 영양보충제가 든 백을 받는다. 다음 주엔 그의 CD4 수치를 확인한 다음 ARVs 치료를 시작해야 할지 판단할 것이다. 그러나 약이 든 주머니를 꽉 쥐고 있는 그를 보면 어떻게 이 모든 과정을 이겨낼 수 있을지 걱정이다.

　에노크가 마침내 그늘 진 안뜰로 힘겹게 나가자 진료소에 있던 사람들은 그가 유령이라도 되는 양 물끄러미 바라본다. 밖에서는 에노크의 아버지가 커다란 약 꾸러미를 자전거 뒷자리에 묶고 있다. 땅바닥에 주저앉아 있던 에노크가 약 꾸러미 위에 간신히 올라타는 동안, 그의 아버지는 자전거가 흔들리지 않도록 붙들고 서 있다. 이윽고 아버지와 아들은 작열하는 한낮의 태양 아래 자전거 페달을 밟아 카시키시로 돌아간다. 아들을 살리려는 아버지의 긴 투쟁에서 처음 손에 넣은 무기를 가지고서.

의료폐기물

4월 23일

사무실로 돌아와 의료회의를 할 시간이다. 그러나 오늘의 안건은 좀더 물류적인 문제에 가깝다. 바로 폐기물에 관해서다. 영국 출신의 활기 넘치는 물류관리자인 톰은 의료행위의 불가피한 부산물인 오염 물질을 안전하게 처리하는 문제를 해결해야 한다.

우리 진료소에선 매일같이 혈액에 오염된 수백 개의 주사기와 용기, 고무장갑과 면봉 등이 쏟아져 나온다. 우리는 이런 폐기물들을 영구저장 방식으로 처리할 방법을 찾아내야 한다.

"그렇다면 어디에 폐기물을 버려야 하는 거죠?"

에스더가 묻자 톰이 대답한다.

"뚜껑이 없거나 아이들이 가까이 접근할 수 있는 쓰레기 구덩이에 폐기물을 버려서는 안 됩니다. 폐기물을 이곳에 두고 싶지는 않지만, 우리에겐 폐기물에 대한 책임이 있어요. 견고한 뚜껑이 달린 쓰레기 구덩이를 만들어야 해요."

톰은 언제나 열정적으로 일한다. 그는 사무소 구내에 자신이 판 구덩이를 나에게 보여준다.

"아직 만족스럽지는 않지만 거의 다 돼가고 있어요. 벽돌로 바닥과 벽을 완전히 막고 견고한 뚜껑을 달아서 우리 말고는 누구도 열 수 없도록 할 생각입니다. 나중에 콘크리트를 부어 넣으면 구덩이 안에 있는 오염물질이 밖으로 나오는 일은 없을 거예요."

지방보건소에는 우리가 역점을 두고 다뤄야 할 현안이 많다. 그것들을 해결하는 건 랄프의 몫이다.

그는 플라스틱 파이프와 금속용구를 활용하여 주사기를 만지지 않고 바늘을 제거하는 안전한 방법을 고안해내기도 했다. 이 방법을 사용하면 바늘을 제거할 때 가끔 간호사의 얼굴에 피가 튀는 일을 막을 수 있다.

한 발자국 앞으로 나갈 때마다 10여 개의 새로운 장애물이 갑자기 나타나는 것 같은 기분이 들 때가 있다. 폐기물 관리의 중요성을 생각했어야 했다. 대부분의 보건소에는 폐기물 수거시설 없이 간이화장실만 갖춰져 있다. 시급한 문제다.

랄프는 독일 출신의 엔지니어다. 주사바늘을 녹일 소각로를 어떻게 만들지 고민해온 그가 이 문제를 설명한다.

"지방보건소가 사용하는 표준소각로가 있긴 합니다. 하지만 주사바늘을 녹일 정도로 충분한 열을 얻으려면 소각로에 특별한 유약으로 만든 벽돌을 사용해야 합니다. 그게 얼마인지 아세요? 벽돌 1개당 2.5달러, 게다가 남아프리카공화국에서 가져와야 합니다. 우리에겐 그럴 능력이 없죠."

말이 이어지면서 활기를 띤다.

"그래서 일반적인 오일드럼 소각로를 조금 변형하면 괜찮지 않을까 생각했습니다. 오일드럼을 보다 두꺼운 금속으로 만들기만 하면 되니까요.

인터넷으로 찾아보니 우간다에 충분한 열을 내는 연소기를 만드는

회사가 있더군요. 캄팔라에 있는 우리 물류관리자가 그 공장에 연락해서 연소기를 하나 샀습니다. 우간다에서 이곳으로 오는 버스 편으로 보내주겠다고 했죠. 그런데 그 버스회사가 바로 오늘 운송을 거절했다고 합니다."

장애물이 또 나타났다.

"그래서 루사카에게 이메일을 보내 비행기로 보내줄 순 없는지 물어봤지만 아직은 알 수 없습니다. 어쩌면 우리가 직접 설계해서 루사카에 있는 공장에 제작을 의뢰해야 할지도 모르겠어요. 그걸로 소각로의 모델을 만들어보는 거죠.

하지만 확신할 순 없어요. 이번 임무가 끝나기 전에 이 프로젝트를 끝낼 수 있을지 모르겠네요. 이제 5주 밖에 안 남았거든요."

다음 날 나는 캄브왈라에서 랄프를 만났다. 그는 그곳 보건소에서 진행 중인 공사를 감독하러 온 길이었다. 다른 공간에 비해서 항상 붐비는 HIV 프로그램 공간을 넓히는 일을 맡았다고 한다.

랄프가 들뜬 목소리로 말했다.

"그 연소기를 캄팔라에서 공수하기로 했습니다. 세관에서 가져오기까지 1주일이 걸리고 소각로 모델을 만드는 데 다시 한 주가 걸릴 테니, 집에 가기 전에 이 일을 끝낼 수 있겠어요."

이제 여러 지방보건소에는 제대로 된 소각로가 설치될 것이다.

킬와 섬

4월 24일

보마에서 맞는 호숫가의 이른 아침, 우리 팀이 의약품을 배에 싣고 있다. 상담원과 진료소 직원, 의사, 간호사들이 모두 배를 밀어 호수에 띄운다. 톰이 운전사 제임스와 짐의 균형을 맞추는 동안 우리는 음웨루 호수를 건너 킬와 섬으로 떠날 채비를 한다. 배가 막 출발하려고 할 때 상담원 매기가 저만치서 달려와 아슬아슬하게 배에 올라탄다.

1시간 후 우리는 킬와 섬에 도착한다. 호주인 의사 안드레아와 팀원들이 진료소의 보급품창고에 들어간다. 말라리아 속성진단시약, ARVs, 환자 파일, CD4 시약용 저온보관백을 운반상자에 가득 채운 후 마을사람들이 지켜보는 가운데 배에 싣는다.

배를 타고 10분쯤 더 가자 루퀘사에 도착한다. 8명의 어린이들이 우리를 반갑게 맞는다.

간호보조사 덩컨이 나이가 지긋한 여인과 함께 나타난다.

"이 할머니의 딸이 HIV 양성이었는데 아기를 낳다가 죽었어요. 지금은 이 할머니가 아기를 돌보고 있습니다."

미처 몰랐지만 이제 보니 아기가 누더기에 꽁꽁 싸여 있다.

"그런데 아기가 열이 심해요."

안드레아는 그 할머니를 말라리아 진단시약이 있는 보트로 내려보낸다. 할머니는 어린 손녀를 살리려고 황급히 따라간다.

우리는 길을 헤치며 마을로 가, 덩컨의 초가집 방 하나에 짐을 푼

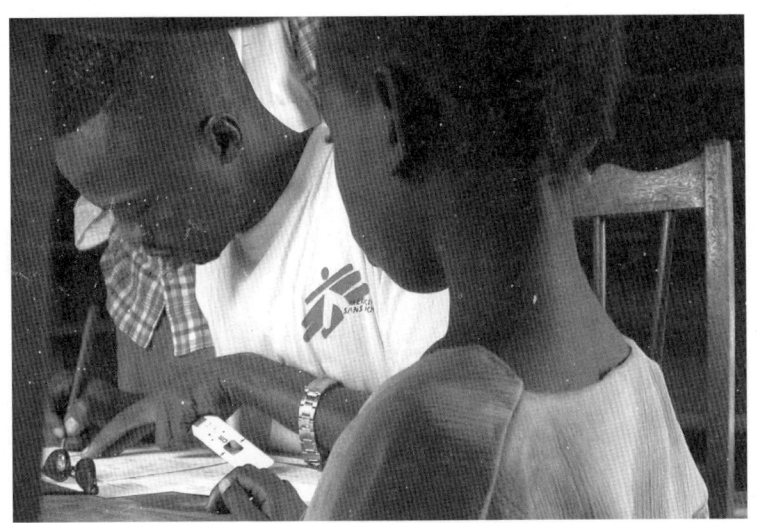

말라리아 검사를 기다리고 있는 소녀

다. 우리가 온다는 소식을 들은 환자들이 망고나무 그늘 아래 밀짚멍석 위로 모인다.

말라리아는 이곳에서 흔한 질병이다. 따라서 첫 번째 할 일은 말라리아를 속성검사하는 일이다. 클레투스가 검사를 시작하는 동안 안드레아는 파일을 상자에서 꺼낸다. 머리 위 기둥 쪽에 덩컨이 진료할 자리를 만들기 위해 치워둔 매트리스가 보인다. 여기가 그의 침실인 모양이다.

의료팀이 이런 섬까지 들어와 AIDS 환자를 찾아다니는 것은 노동력이 너무 많이 소모되기는 하지만 지금 당장은 이것이 유일한 방법이다. 다행히도 이곳의 감염률은 국가 전체 평균감염률보다 낮은 듯하다. 하지만 좋은 서비스를 제공하고 생명을 연장하는 ARVs를 나눠주는 것만으로 만족해서는 안 된다. 우리가 직접 치료하지 못하는 HIV 양성반응자들에게도 ARVs의 효과를 홍보하고 그들도 이 약을 얻을 수 있음을 알려야 한다. 그러면 그들도 우리가 제공하는 서비스를 받게 해달라고 요구할 것이다.

하지만 그러기에는 극복해야 할 병증과 두려움이 너무 크다. 이 점은 안드레아의 말에도 잘 나타난다.

"어제 어떤 여자가 아들과 함께 우리 프로그램에 참여하는 것을 보았어요. 남편은 AIDS 때문에 생긴 수막염으로 2주 전에 죽었대요. 그 남편은 왜 우리에게 치료를 받으러 오지 않았을까요? 아내와 아들이 HIV 양성이라는 것도 알고 있었어요. 그런데 무엇이 두려워서 우리에게 오지 않았을까요?"

안드레아와 클레투스가 환자의 파일을 점검하는 동안 상담원인 조지프의 낮은 목소리가 들려온다. 등에 '플라잉 이글스' 라고 쓰인 번쩍거리는 점퍼를 입은 그는 옆방에서 HIV 양성반응자들의 모임인 지원그룹 사람들과 조용히 이야기를 나누고 있다.

창 밖으로 저 아래 호숫가까지 이어진 초가지붕 오두막들이 보인다. 그림엽서에서나 볼 수 있는 풍경이다.

안드레아가 말한다.

"제가 이곳에 오길 좋아하는 이유를 알겠죠? 이곳에선 정말 좋은 약을 아주 간단하게 줄 수 있어요. 그래서 이곳 환자들과 일하는 것이 좋아요."

한 여자 환자의 치아에 아주 심한 종양이 생겼다. 어떤 종류의 감염이라도 HIV를 악화시킬 수 있다. 우리는 그녀에게 호수 건너 카시키시에 있는 세인트 폴 병원의 치과에 가자고 권한다. 그녀는 우리 환자이므로 거기까지 데려가 치료비도 내줄 것이다. 돈을 구경하기 어려운 이곳에서는 치료비가 매우 중요한 문제다.

하지만 그녀에겐 두 아이가 있다. 누가 아이들을 돌볼 것인가? 클레투스는 그녀가 아이들과 함께 세인트 폴 병원의 간병인 숙소에 머물 수 있을 거라고 말한다. 우선 환자의 몸무게와 키를 잰다. 무척 야위었다. 영양보충제도 처방해야 할 것 같다.

다음 환자가 들어온다. 몸무게를 재러 욕실용 체중계에 올라간 그는 안드레아와 클레투스를 향해 엄지손가락을 들어 보이며 웃는다.

"당신들 정말 대단해요. 몸무게가 늘고 있어요."

남자는 곧이어 진지하게 질문을 던진다. 그는 홀아비다.

"지금 제 상태로 결혼해도 괜찮을까요?"

안드레아가 대답한다.

"결혼 상대에게 이 사실을 꼭 알려야 해요. 그리고 항상 콘돔을 사용하는 걸 잊지 마세요."

"그러면 그녀가 나와 결혼하지 않을 텐데요."

"그래도 꼭 알려줘야 해요. 그리고……."

안드레아의 목소리가 부드러워진다.

"아기를 가질 생각은 하지 마세요."

이 전염병을 극복하려면 너무나 힘든 일도 해야만 한다.

클레투스가 창문에 대고 밖에서 대기 중인 다음 환자를 부른다.

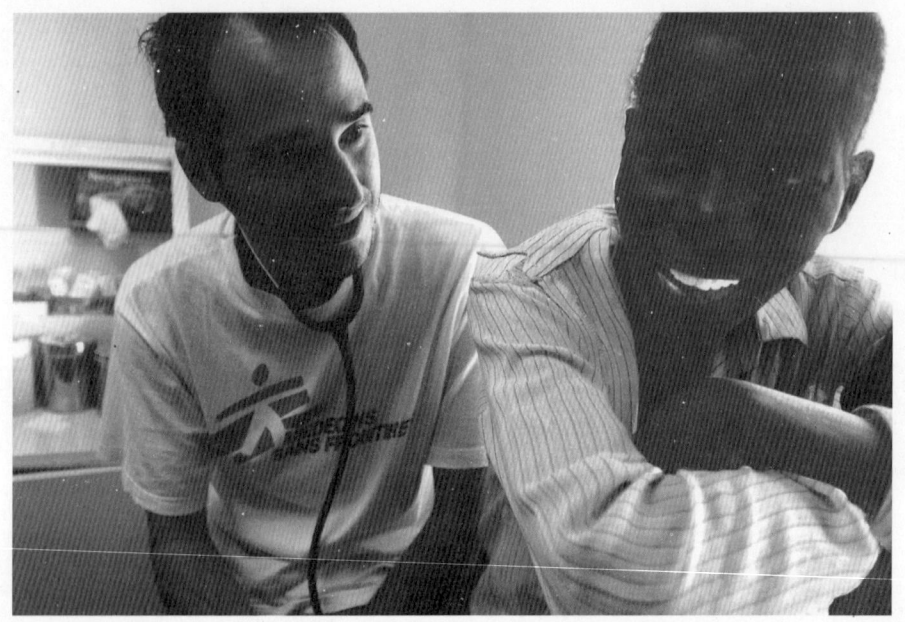

잠비아의 *HIV · AIDS* 전문진료소

"음마 무테타."

안드레아는 음마 무테타의 체온을 쟀다.

"어머, 너무 야위었어요."

몸무게를 재니 겨우 31킬로그램이다. 하지만 다행히 CD4 수치가 양호해서 아직 ARVs를 먹을 필요는 없다.

음마 무테타는 치과 치료를 받아야 한다. 우리가 그녀를 호수 건너 카시키시에 데려갈 수는 있겠지만 어머니가 그녀의 여동생을 돌보러 콩고민주공화국에 가버려서 아기들을 돌봐줄 사람이 없는데다 카시키시에는 아는 사람도 없다.

오늘은 5명의 사람이 HIV 검사를 받으러 왔다. 먼저 조지프와 매기에게서 검사방법과 피를 왜 뽑는지 설명을 들은 후에 우리에게 온다. 양성으로 판명되면 집에서 쫓겨날지도 모를 여자들과 신경질적으로 웃으며 검사를 받으러 들어오는 한 남자. 안드레아와 클레투스는 피를 뽑고 기록하면서 부지런하게 움직인다. 케네스가 다른 마을에서 HIV 검사스틱을 가지고 돌아오면 5명 중에 양성반응자가 있는지 확인할 수 있다.

다른 사람들이 돌아오기 전에 집에서 나올 수 없는 환자 한 명을 방문해야 한다. 마을을 가로질러 10분 정도 걷는 동안 오두막과 그물을 손질하고 있는 어부들, 채마밭과 그늘에서 요리하고 있는 여자와 아이들을 지나 환자의 집에 도착한다.

환자의 오두막은 깨끗하고 잘 정돈되어 있다. 방에는 가구라고 할 것이 없다. 멍석 하나, 바구니 하나, 땔나무 하나, 걸상 하나, 성냥통 옆의 거울조각, 비누. 앞방 구석에도 보이는 건 단지 2개와 콩을 담은 삼베주머니, 호박 3개가 전부다. 초가지붕과 작은 창문 덕분에 한낮의 태양에도 불구하고 집 안은 시원하고 어둡다. 집 앞에서는 아이들 몇이 물고기를 석탄불에 굽고 있다.

안드레아는 환자와 멍석에 앉아서 그녀가 아무 아이에게나 약을 주지 않았는지 확인한다. 환자는 뒷방으로 사라지더니 플라스틱 용기에 든 알약을 가져온다. 클레투스와 안드레아는 기록을 보고 알약이 몇 알 남아 있어야 하는지 확인한 후 플라스틱 용기 안의 알약 수를 센다. 그녀는 ARVs의 일종인 트리우뮨을 복용하고 있다. 이렇게 약을 제대로 먹고 있는지 확인하는 것은 환자들이 여러 가지 알약을 정확하게 복용토록 하는 데 큰 도움이 된다. 남아 있는 알약의 숫자가 맞다. 그녀는 약을 착실하게 먹고 있다.

환자의 CD4 수준을 확인하기 위해 피를 더 뽑아야 한다. 그녀는 별로 좋아하지 않는 눈치지만, CD4 수치를 통해서 트리우뮨이 효과가 있는지 알 수 있다고 하자 동의한다. 클레투스가 피를 뽑기 위해 정맥을 찾는 동안 그녀는 얼굴을 찡그린다.

주사기로 뽑은 피를 아주 조심스럽게 작은 유리병에 옮겨 담는다. 혈액표본을 이런 식으로 다루는 걸 보면 전문가답지 못하다고 말할 사람이 있을지도 모르겠다. 아프리카 한가운데, 그것도 호수 사이에 있는 마을 한가운데 오두막에서 채혈을 하다니. 하지만 나는 이들의 행위야말로 의사로서의 본분을 다하는 것이라고 생각한다.

안드레아가 환자에게 묻는다.

"MSF가 집을 계속 방문하는데도 남편이 눈치를 못 챌 거라고 생각하나요?"

환자의 남편은 그녀가 HIV 양성이라는 걸 모른다.

"남편은 제가 아프다고만 알고 있어요."

"우리가 왜 오는지 묻지 않나요?"

킬와 섬에서 우리가 진행하는 것은 HIV · AIDS 프로그램뿐인데 말이다.

"아뇨. 남편은 제가 아주 아프다고만 알고 있어요. 내 상태를 제대로 말하려면 시간이 좀 걸릴 것 같아요. 그냥 시간이 좀더 필요한 것

뿐이에요."

"뭘 겁내는 거죠?"

안드레아가 부드럽게 묻는다.

"문제는 없을 거예요. 남편에게 검사센터에 가서 검사를 받아보라고 했지만, 그는 가지 않겠다고 했어요. 남편은 그곳에 가는 걸 두려워해요. 자기는 건강하다고 생각하죠."

안드레아가 물러서지 않고 설득한다.

"그렇지만 만약 남편이 양성이라면, 그리고 아직 건강하다면 우리는 남편이 더 오랫동안 건강을 유지하도록 도울 수 있어요. 그리고 성교를 통해서 서로를 감염시킬 수 있다는 걸 알아야 해요. 당신은 트리우뮨으로 좋아지고 있잖아요? 남편과 함께 우리 프로그램에 참여하면 둘 다 정상적으로 생활할 가능성이 높아져요."

그러나 환자는 대화가 끝나기만 기다리며 조용히 앉아 있을 뿐이다. 그녀는 남편에게 감염 사실을 말하지 않을 것이다. 서로 다른 세상, 서로 다른 요구들 사이의 거리는 너무 멀다. 우리는 그녀가 남편에게 감염 사실을 알려야 한다고 주장한다. 서양의학의 관점에서는 그것이 옳다. 그러나 그녀는 자신에게 옳은 일을 하고 있다.

그녀에겐 아이가 없다. 그래서 아내로서의 지위가 불확실하다. 만일 남편도 양성이라면 그녀는 당장 쫓겨날 것이다. 아프리카 한복판의 이 아름다운 섬에서 아이도 없는 여자가 HIV 양성인 몸으로 버림받는 것 외에 무엇을 할 수 있겠는가? 우리에게는 아주 잘못된 일로 보이지만, 남편에게 병명을 말하지 않기로 한 결정은 그녀에게 남은 유일한 선택이다.

우리는 덩컨의 집으로 돌아간다. 거기에서 짐을 찾아 배를 타고 카시키시로 돌아갈 것이다. 다른 마을에서 돌아온 케네스가 속성 HIV 검사를 시작한다. 혈액과 시료를 섞어 검사스틱에 발라 2개의 줄이 나타나면 HIV 양성이다. 만일 나타난 선이 하나라면 음성이라는 뜻이 된다. 검사가 끝나 기다리는 일만 남았다. 결과는 5분 내에 알게 될 것이다.

우리는 탁자 주위에 서서 검사스틱을 지켜본다. 시간이 흐르는 동안 대화가 느려진다. 탁자 위에는 5개의 스틱이 있고, 5명의 환자들과 그 가족들은 밖에 있는 나무 아래서 참을성 있게 기다리고 있다.

케네스가 시계를 본다. 5분이 다 됐다. 스틱 중 어느 것에도 두 줄이 생기지 않았다. 아무도 HIV에 감염되지 않은 것이다. 이 사무소에서 맞는 최고의 하루다! 상담원들이 환자들에게 기쁜 소식을 전한다.

우리는 다시 짐을 꾸려 카시키시로 가기 위해 저 아래에서 우리를 기다리는 배로 돌아간다.

더 많은 사람들에게 희망을

4월 29일

이곳을 방문하고 나서야 나는 우리 프로젝트의 중요성을 확신하게 되었다. 잠비아의 잊혀진 벽지에서 우리는 1918년 전세계를 강타하여 최소한 2,000만 명의 목숨을 앗아간 독감 유행 이후 사상 최악의 전염병으로부터 생명을 구하고 있다.

브랑코 응고사가 1년 전까지만 해도 집에서 홀로 사경을 헤매던 환자였다는 사실을 지금은 믿기 어렵다. 이제 그는 MSF 활동을 알리는 최고의 광고맨이 됐다. 항상 옷을 잘 입는 브랑코는 오늘은 양복에 넥타이까지 맸다.

"그래요. 아직도 의심하는 사람들이 있어요. 그들은 MSF가 채혈을 왜 하는지 궁금해합니다. 때로는 당신들도 이유를 말해주는 걸 잊어 버리죠. 그래서 MSF가 그 피를 마신다거나 우리를 독살하려 한다는 소문이 난 겁니다. 하지만 저는 상담과 검사를 두려워하는 사람들에게 이렇게 말하죠. '나를 봐! 나도 너 같았어. 기억해? 지금 나처럼 되고 싶지 않아?' 양성반응자 지원그룹 사람들은 다른 사람들도 검사를 받고 이 프로그램에 등록하기를 바랍니다. MSF가 사람들을 죽인다고 떠드는 사람들도 있지만 나는 MSF가 우리에게 생명을 주었다고 말하고 다녀요."

브랑코가 눈을 반짝이며 말을 잇는다.

"당신도 알죠, 데이비드? 어떤 사람들은 MSF가 피를 판다고 생각해요. 그렇지 않고 어떻게 ARVs를 무료로 나눠줄 수 있겠어요, 안 그래요?

하지만 이제는 족장들도 이해합니다. 잘된 일이죠. 족장들은 AIDS가 어떻게 우리 공동체를 파괴하는지 보았고, 이제 ARVs가 우리를 다시 회복시킬 수 있다는 것을 알았기 때문에 지원그룹에 호의적입니

품자 놈콩코는 남아프리카의 MSF에서 ARVs 치료를 받았으며, 지금은 자신의 공동체에서 HIV 양성반응자 자원봉사자로 일하고 있다.

다. 카푸타의 족장은 공동체 농원을 만들 땅을 기부하기도 했죠."

무료로 ARVs를 얻는다는 건 이곳에선 꿈만 같은 일이다. 보건부에선 ARVs를 무료로 주겠다고 밝혔으나 아직 실행하지 못하고 있다. 최근 응켈렝게에 있는 주립병원에 이 약이 들어오긴 했지만, 한 달에 12달러라는 비용은 너무 비싸다. 지원그룹에서 활동하는 브랑코와 그의 동료들은 그밖에도 미심쩍은 부분이 한두 가지가 아니다.

브랑코는 늘 그렇듯 또박또박 말한다.

"보건부가 돈을 받지 않는다 해도 약품이 수혜자들에게 제대로 전달될 수 있을지 모르겠어요."

지원그룹 사람들은 약이 암암리에 거래될까 봐 걱정인 것이다.

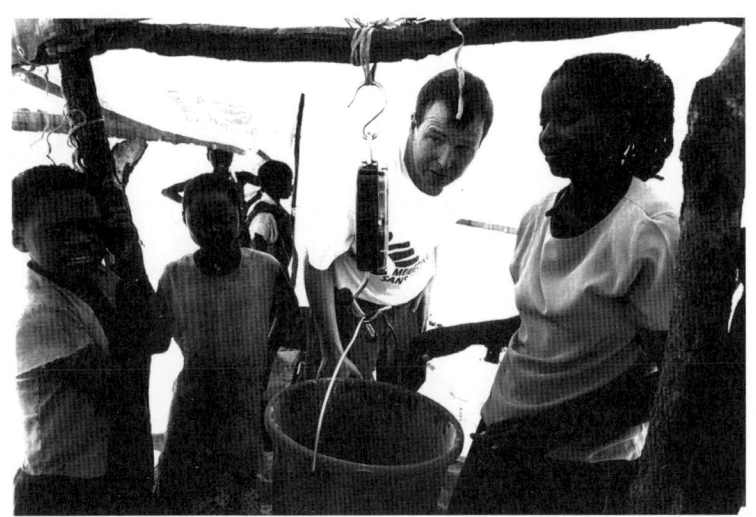

데이비드 몰리(잠비아)

그러나 많은 사람들이 자신이 HIV 양성임을 인정하고 우리가 제공하는 ARVs를 복용하고 병이 호전되면서 이 공동체의 병증은 감소하고 있다. 지금은 심지어 전통치료사까지 우리 환자가 되었다.

잠비아의 모든 도시와 학교에는 AIDS와 HIV에 관한 벽화와 포스터가 붙어 있다. 하지만 아직도 많은 사람들은 그 병에 대해 제대로 모르거나 믿지 않는 것 같다. 브랑코와 지원그룹 사람들은 이것을 바꾸고 싶어한다.

브랑코가 특유의 꾸민 듯한 웃음을 보이며 말한다.

"우리의 희망은 응켈렌게를 변화시키는 것입니다. 우리 공동체를 다른 곳으로 만들고 싶습니다."

브랑코와 지원그룹은 모든 잠비아인에게 ARVs를 무료로 줄 것을 요구하는 시위를 계획 중이다. 더불어 우리는 본국인 캐나다에서 글로벌펀드(2002년에 유엔 주도로 설립된 구호기금. 세계 3대 전염병인 AIDS, 결핵, 말라리아와 싸우기 위해 각국 정부와 민간으로부터 기금을 모집하여 도움이 필요한 여러 나라와 단체, 공동체에 지원하고 있다—옮긴이)에 더 많은 돈을 보내도록 촉구해야 한다. 그래서 잠비아처럼 가난한 나라가 ARVs를 가질 수 있도록 해야 한다. 또한 저렴한 복제약품의 생산을 늘려 더 많은 사람에게 구호기금이 쓰일 수 있도록 해야 하며, 보다 많은 보건전문가를 훈련시키고 필요한 사람의 손에 의약품이 전달되는 제도를 구축해야 한다.

이곳 사람들은 MSF가 떠나는 것을 걱정하고 있다. 우리는 이곳을 2008년에 떠날 계획이다. 이제 겨우 3년 반이 남았다. 하지만 목표에 도달하기까지는 해야 할 일이 아직 많이 남아 있다. MSF의 프로그램을 지방진료소에 통합시키고, 무료 ARVs를 사람들에게 나눠주도록 잠비아 정부에 요구해야 한다.

100만 명의 잠비아인이 HIV 양성으로 추정되지만 우리는 겨우 수백 명을 치료하고 있을 뿐이다. 이것은 작은 오아시스에 지나지 않는다.

그러나 마리아가 카시키시 지방보건소에서 프로그램의 기반을 닦기 위해 분투하고, 카리나가 주립병원연구실을 재건하고, 랄프와 톰이 소각로와 의약품을 주문하고, 의료진이 환자를 돌보며 치료하는 동안, 이렇게 자원봉사자의 활동과 현지직원들의 노력이 계속되는 동안 이 작은 오아시스는 조금씩 늘어날 것이다. 그런 다음에는 잠비아 정부가 이 기회를 놓치지 않도록 환자 스스로 더 큰 목소리로 정부를 압박해야 한다.

잠비아에 온 첫날, 나는 희망을 보고 놀랐다. ARVs가 환자들과 공동체의 삶에 엄청난 변화를 가져오고 있다. AIDS와 함께 살고 있는 사람들이 미래를 건설하고 있다. 만일 이 시스템이 효과가 있다면, 사람들이 더 이상 죽지 않고 자손이 자라는 것을 지켜보며 공동체에 기여할 것이다.

이러한 변화의 물결은 아름다운 음웨루 호숫가에 있는 작은 마을들까지 흘러들어가고 있다. 이곳에서 브랑코와 제인과 아비가일과 이그나티우스 같은 사람들이 삶을 되찾고, 응켈렌게의 공동체 6곳이 재건되기 시작했다.

미래에 인류가 이 전염병을 정복하는 날, 우리는 이곳을 해결이 불가능해 보였던 어떤 문제와 맞서 싸워 마침내 승리한 장소로 기억할 것이다.

| 사진 출처 |

p.14, Steve Harris; p.17, Steve Harris; p.19, Didier Lefevre;

p.23, Corbis; p.25, Corbis; p.27, Steve Harris;

p.31, Ton Koene; p.32, Francesco Zizola; p.36, CP(AP/Jon Eeg);

p.38, Jet Belgraver; p.41, Steve Harris; p.43, Steve Harris;

p.44, David Morley; p.48, Steve Harris; p.50, Steve Harris;

p.54, Steve Harris; p.62, Steve Harris; p.67, Steve Harris;

p.68, Steve Harris; p.71, Sven Torfinn; p.74, CP(AP/Adam Butler);

p.76, Steve Harris; p.78, Corbis; p.79 위, Steve Harris;

p.79, 아래, Michael Zumstein/L'Oeil Public; p.81, Remco Bohle;

p.82, Steve Harris; p.84, Juan Carlos Tomasi MSF; p.85, Steve Harris;

p.89, Robert Maletta MSF; p.92, MSF Canada; p.97, David Morley;

p.100, Roelf Padt MSF; p.102, Chris Hondros/Getty Images;

p.106, CP(AP/Jockel Finck); p.112, David Morley;

p.113, CP(AP/Moises Castillo); p.123, David Morley; p.125, Steve Harris;

p.126, Steve Harris; p.130, Steve Harris; p.134, Steve Harris;

p.135, Steve Harris; p.137, David Morley; p.140, David Morley;

p.143, Steve Harris; p.147, Steve Harris; p.149, Steve Harris;

p.151, Julie Rèmy; p.152, Julie Rèmy; p.157, Julie Rèmy;

p.161, CP(AP/Salim Henry); p.167, Steve Harris; p.170, Jet Belgraver;

p.176, Corbis; p.177, Jet Belgraver.

지도, pp.20-21, Paul Heersink, Paperglyphs